小さい農業で稼ぐ

# フェンネル

川合貴雄・藤原稔司 著

トウ立ちを防いで大球をとるコツ

農文協

(1)

### 葉はサラダやスープに

葉はハーブとして，魚料理のくさみ消しやサラダやスープの香り付けに使える

### 結球部を食べる

クリーム煮やスープにすると，独特の香りと甘味がクセになるおいしさ

## これが フェンネル だ

### 種子は香辛料に

フェンネルシードとしてインド料理などでよく使われる。口の中がすっきりさわやかになる

写真は埼玉県の「さいたまヨーロッパ野菜研究会」（通称ヨロ研）のフェンネル。品種はトキタ種苗の「TSGI-2018」

# フェンネルを育てる

つくりやすいスティック状のフェンネルもある。「スティッキオ」（トキタ種苗）

展開葉5～6枚の苗を定植し，活着したところ

(3)

生育中期の様子。
丸々と肥大した結球部にするためには，夏まき栽培がベスト

収穫適期。
結球部が丸く肥大し，葉身部が上に立ち，よく締まっているのがよいフェンネル

# こんなとき どうする？

**正常なフェンネル**

**トウ立ち**
日が長くなるとトウが立ちやすく、縦長になる
（本文28, 33, 45, 48ページ）

**菌核病**
涼しくなると発生しやすい
（本文82ページ）

**裂球**
肥大中に水が多いと割れる
（本文54ページ）

# タネをとる

奥の株はトウ立ちが早い株。手前はトウ立ちが遅い株。こうしたバラツキも，気に入った株からタネをとり，そのタネをまいて育てると揃いやすい

春にタネをまくと真夏に開花，小さな黄色い花をたくさんつける

秋に緑色から黄色になって熟したら摘み取り，乾燥させるとタネがとれる（本文76ページ）

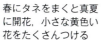

クリーム煮。作り方は89ページ

# フェンネルを食べる

フェンネルとパースニップ（白ニンジン）のスープ。ニンニクとオリーブオイルを火にかけ，フェンネル，パースニップ，ニンジンを加えて炒め，ベジブロス（野菜だし）を注いで柔らかくなるまで煮る［写真/農Pro・宮崎隆至］

きんぴら。細切りにしたフェンネルをごま油で炒めてみりんで味を整える

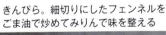

ニシンとフェンネルのマリネ。ニシンを塩と酢でしめ，そこへ株の部分をペリペリと剥いて薄くスライスしたフェンネルを合わせる。チリチリの葉を添えて［写真/山本謙治］

札幌市のマルシェにて。フェンネルをまとめて麻ひもで束ねて，値段のタグをつけている（提供：サンダーソニアM）

# フェンネルを売る

鎌倉市の「自然食品の店かなや」にて。藤沢市の柿右衛門農園さんの無農薬フェンネル。ラベルをつけて，葉も別売り。品種は「フェンネル・MANTOVANO」（ナチュラルハーベスト）

全農経由で市場出荷している岡山市・山本嘉明さんたちのフェンネル荷姿

# まえがき

フェンネルは古くから薬として利用され、また近年はハーブとして香り付けにも利用されてきた。しかし、その流れにおいても野菜として食べるフェンネル（フローレンスフェンネル）は国内での生産はなく、特定の民間研究所で保存されていただけであった。このため、一般家庭の食卓にのぼることはなく、特定の高級なホテル、レストランでフランス・イタリア料理に利用されるだけであった。当時これに利用されるフェンネルはヨーロッパから輸入されていた（しかも葉は取り除かれ、結球部だけにしたものである）。

このような状況下、元岡山県立農業試験場の場長の小林甲喜博士が昭和41年イタリアを訪れ、フローレンスフェンネルの種子を持ち帰った。これを岡山県の特産品にできないかと試作を行なったが、良品を生産することは難しかった。よく肥大した大球にならないのである。このため、良品生産をめざして本格的な栽培試験と種子の更新・保存を行なうことにした。

昭和48年頃からは岡山県内外の一般農家でも栽培されるようになり、東京や神戸など主要都市に出荷されるようになった。当時は高度経済成長期であり、その後のバブル期にも、フェンネルは新顔野菜としてそれなりに評価され、高級ホテル、レストランで高級食材として重宝された。しかし、業務用として消費されるだけで一般家庭での調理に利用されないまま現在に至っている。一般家庭に浸透していない理由にはフェンネルの独特の香りが受け入れにくいこともあるが、調理法、栽培法がわからないためとも考えられる。

そこで本書では、昭和50年から昭和58年にかけて試験研究で明らかになったフェンネルの生理生態、栽培法、採種法について筆者（川合）が、30年間にわたる栽培・出荷とヨーロッパ視察を通じて得られた調理法、今後の販売戦略などについて生産者である藤原稔司さんがまとめた。フェンネルがより多くの方々に利用されるようになることを願う。

おわりに、フェンネルの研究にあたって当時の岡山農試職員の方々にご協力をいただいた。今回の執筆にあたり、フェンネル栽培に約20年間取り組んでこられた山本俊明さん、山本嘉明さんにもご協力いただいた。フェンネルの種苗メーカーには品種の情報提供をいただいた。ともに厚くお礼申し上げる。なお、出版の便宜を図っていただき、編集に多大なご尽力をいただいた農文協の西尾祐一さんに深甚なる謝意を表する次第である。

平成30年10月末日

執筆者を代表して、**川合貴雄**

目次

まえがき……1

第1章 多品目の中でフェンネルを育てる人たち

1 ハクサイなどの重量野菜+フェンネルの組み合わせ……10
山本嘉明さん
定年農業でも、軽いのでつくり続けられる 10
60aの畑でフェンネルなど5品目 11
山本俊明さん
単価は4kg入り出荷箱で1500円くらいで安定 12

2 ガラス温室で多種類のイタリア野菜……16
フジワラファーム
ハウス含む105aでフェンネルなど100品目以上 16
葉っぱを口に含んだときの香りに魅せられて30年 17
本場イタリアではフェンネルが生活に密着していた 18
ひとつの作物だけを求められることはなくなった 18

温暖化で発芽不良、球の肥大が悪くなってきた　19

## 第2章 フェンネルとは

❶ 生まれはどこ？——原産地と来歴……22
イタリア南部原産のセリ科植物　22
戦前に東京會舘のレストランに　23
当時の日本では野菜というより薬草のイメージ　23
❷ どうやって食べるの？——用途・利用……24
生でもよし、煮込んでもよし　24
葉はサラダやスープに、種子は香辛料に　25
甘い香り成分のアネトールに健胃作用　25
❸ どんな育ち？——性状、生育特性……26
トウ立ちしなければ株元がよく肥大する——形態的特性　26
初期にチッソ・リン酸、後期にカリ・カルシウムが大事——栄養的特性　26
発芽はしやすい——発芽特性　30
本葉8〜10枚で球が太り始める——生育経過と球の肥大　32

12時間以上の日長で花芽分化する――花芽分化とトウ立ち 33
どんな環境が好きなの？――生育に及ぼす環境要因 35
(1)密植は苦手――光条件 35／(2)高温は苦手、低温のほうが球は太る――温度条件 37／
(3)軽い土ではスが入る――土壌条件と施肥 40

## 第3章 フェンネルの育て方のポイント

❶ つくりやすい地域は？ …… 42
夏季冷涼・冬季温暖な気候が長く続く地域 42
❷ つくりやすい時期は？ …… 43
まきどきと生育の違い 43
夏まき露地栽培――苗立枯れに注意すれば、最も栽培が簡単 44
秋まき栽培――ハウスやトンネルが必要 46
冬まき栽培――温床育苗が必要で、球は大きくならない 46
春まき栽培――冬まき同様に球は大きくならない 47
❸ トウ立ちを防ぐには …… 48
夏まきでは20日間の短日処理 48

長日に向かう秋まきでは50日程度の短日処理 48
厚さ0・1㎜以上のシルバーポリを使う 49
これがフェンネルの栽培暦 50

❹ 葉先枯れ・裂球・ス入りを防ぐには……54
葉先枯れ――多肥や乾燥に注意 54
裂球――結球最盛期を過ぎたら灌水を控える 54
ス入り――収穫遅れに注意 55

❺ 品種の利用……56
短期勝負なら早生種、長期栽培で大球ねらうなら中生種 56

## 第4章 フェンネルの育て方の実際

❶ 夏まき栽培……60
(1)圃場の準備 60／(2)高温対策が必要な育苗 60／(3)元肥施用とうね立て 64／(4)定植 64／(5)追肥はチッソとカリを主体に 66／(6)土寄せはひんぱんに 66／(7)灌水は生育前半を主体に 68／(8)寒害防止 68／(9)収穫および調製・出荷 68

❷ 秋まき栽培……69
(1)圃場の準備では堆肥が不足しないように 69／(2)育苗 69／
(3)元肥施用は前作の残存肥料を知ったうえで 70／(4)直まき栽培の要点 71／
(5)定植 72／(6)追肥・土寄せ 72／(7)灌水 72／
(8)ハウス栽培での温度管理 73／(9)収穫 73

## 第5章 フェンネルのタネをとる

❶ 気に入ったフェンネルからタネをとる……76
❷ タネからまいてタネをとる……78
(1)播種期 78／(2)播種と育苗 79／(3)地ごしらえと定植 79／
(4)定植後の管理 80／(5)種子充実後の採穂 80

## 第6章 農薬をできるだけ使わない病害虫の防ぎ方

問題となる病害虫 82
病害虫の防ぎ方 82

# 第7章 フェンネルの食べ方と売り方


❶ 食べ方……86
香りをマイルドにする食べ方 86
葉を使ったサーモンマリネ 86
結球部を使ったクリーム煮 88

❷ 売り方……90
東京の市場、レストラン、高級スーパーへの出荷 90
香りを取り入れたヨーロッパの食文化との違い 91
料理人のこだわり、新顔野菜の手軽さ 92
高級業務需要の伸び悩み、地産地消の隆盛 93
ネットだけでは魅力は伝わらない 94
手軽に使えて、しかも食卓が豊かになることを伝えていく 94


（第1章の2、第7章は藤原稔司が執筆、ほかはすべて川合貴雄が執筆）

＊本書における施肥量などは1aで示した。

1a＝100m$^2$

1a当たり10kg（10000g）の場合，1m$^2$当たりは100で割って100gとなる。

第1章

# 多品目の中でフェンネルを育てる人たち

# ❶ ハクサイなどの重量野菜＋フェンネルの組み合わせ

川合貴雄

フェンネルを約20年前から栽培する岡山市の山本嘉明さんと山本俊明さんの農園は、瀬戸内海に面した年平均気温15〜16℃の気候温暖な場所にある。この地区は古くからカボチャ、キャベツ、ハクサイなどの野菜が栽培されている。こうした温暖な場所が、フェンネルの栽培に適している。

## 山本嘉明さん

### 定年農業でも、軽いのでつくり続けられる

ご主人の嘉明さん（83歳）は、平成12年に会社を定年退職後、カボチャ、ハクサイ、キャベツなどの野菜栽培に取り組んでいる。奥様の久美さんは、それ以前からハボタン、

写真1－1
山本久美さん

ストックなどの花栽培に取り組んでいたが、ご主人の定年退職を契機にご主人と一緒に野菜栽培を始めた（写真1−1、1−2）。ちょうどその頃に筆者がフェンネルの栽培を紹介した。

嘉明さんと久美さんがフェンネルを経営に取り入れようと思ったのは、フェンネルはそれまで育ててきたカボチャやキャベツ、ハクサイと比べて軽量で、多くの労力がいらず、格別な栽培技術を必要としない作物だったからである。カボチャやキャベツ、ハクサイは収穫して畑の外へ運び出すときに重たいので、だんだん面積を減らしてきた。しかしフェンネルは軽くて苦にならないので、年を重ねても面積を減らさないですんでいる。

## 60aの畑でフェンネルなど5品目

その経営は、60aほどの小さな畑で5品目をつくりまわす少量多品目経営である（図1−1）。カボチャの早春ま

写真1−2
山本嘉明さん

きトンネル栽培15a、トマトの雨よけ早熟栽培1a、キャベツの夏まき栽培20a、キャベツの秋まき栽培12a、ハクサイの秋まき年内どり栽培12a、ハクサイの秋まき越冬栽培6aのほか、フェンネルの夏まき栽培2aと秋まきハウス栽培1aを作付けしている。

## 山本俊明さん

### 単価は4kg入り出荷箱で1500円くらいで安定

山本俊明さん（84歳）と奥様の光枝さんは50年前からジャガイモ、ハクサイ、キャベツ、カボチャなどの野菜栽培に取り組んできた。現在ではハクサイの春まき栽培10a、秋まき栽培15a、キャベツの夏まき栽培10a、秋まき栽培10a、トマトのハウス早熟栽培1a、トンネル栽培2aのほか、フェンネルの夏まき栽培2a、秋まきハウス冬どり栽培1a、さらに栽培難易度の高い秋まきトンネル春ど

写真1－3
山本俊明さん

り栽培も３ａ作付けしている（写真１－３、１－４、図１－２）。

収穫したフェンネルは、株元が５００ｇ以上と大きく、葉付きだと１kgくらいになる。出荷のときには４kg箱に葉付きで詰めるのだが、球が大きいため例年４～５球入りとなっている。ちなみに輸入もののフェンネルには葉が付いていない。葉を付けて売ることで国産をアピールできる。出荷は全農を通じて東京の市場に出している。価格は平均で４kg１５００円くらい。球が大きく柔らかいので市場評価は高く、安定した価格で取引されている（山本嘉明さんの出荷先も同様）。このほか、近くの直売所にも出している。

写真1－4
山本俊明さんのフェンネル（秋まきで３月末の様子）。1a 500 株植え，1 箱 5 球入りの場合，1a 100 箱となり，1 箱 1500 円で 1a 当たり 10 ～ 15 万円の売上になる

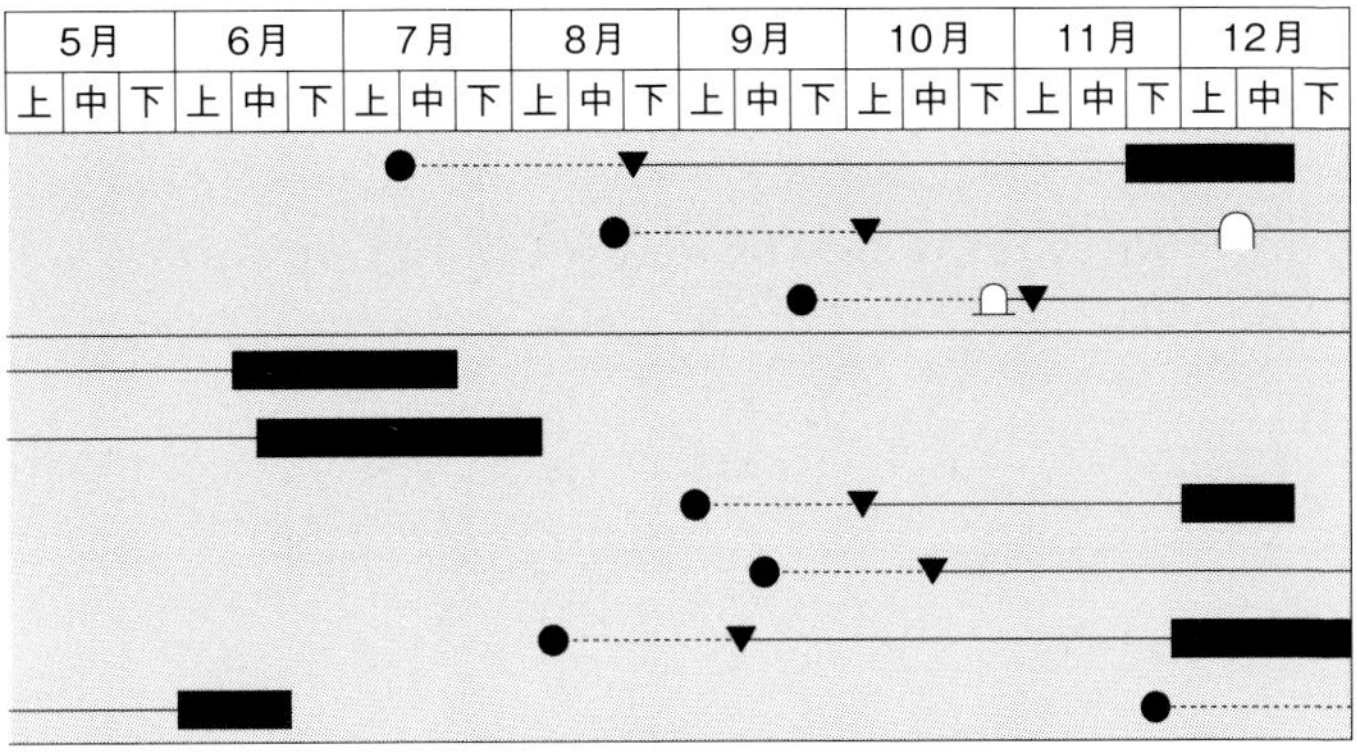
5月
6月
7月
8月
9月
10月
11月
12月
上 中 下 上 中 下 上 中 下 上 中 下 上 中 下 上 中 下 上 中 下 上 中 下

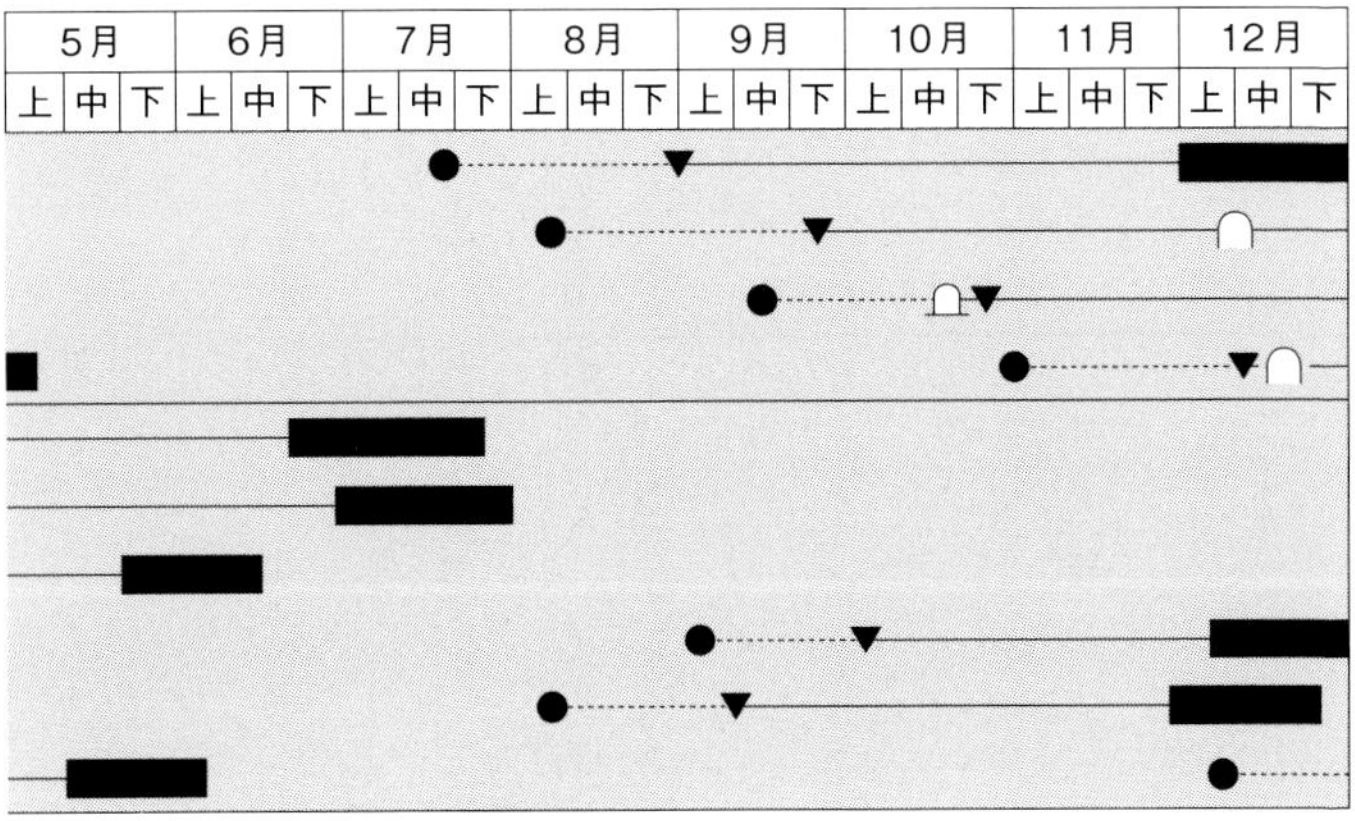
5月
6月
7月
8月
9月
10月
11月
12月
上 中 下 上 中 下 上 中 下 上 中 下 上 中 下 上 中 下 上 中 下 上 中 下

↑ 短日（暗黒）処理終了，■ 収穫

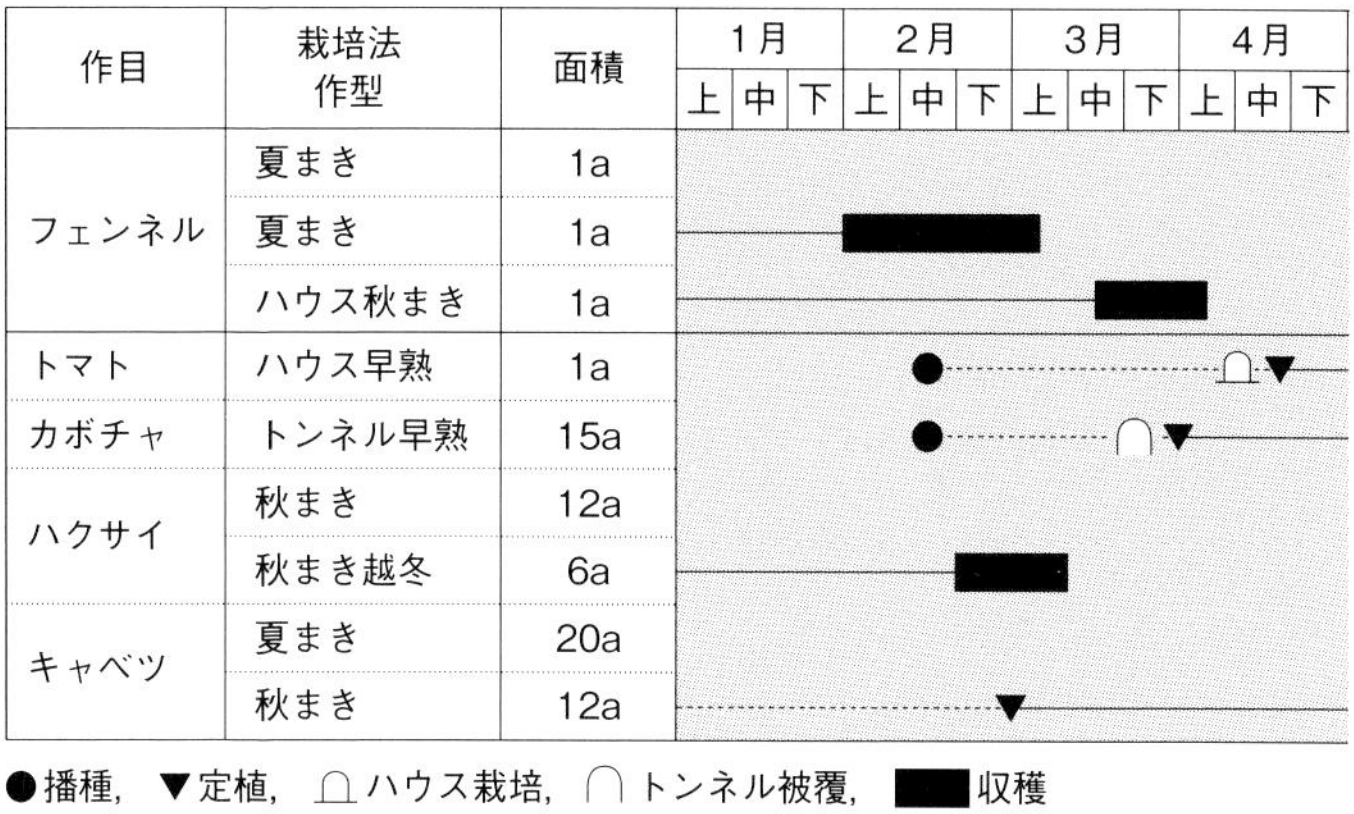


図1−1　山本嘉明さんの作目と栽培暦

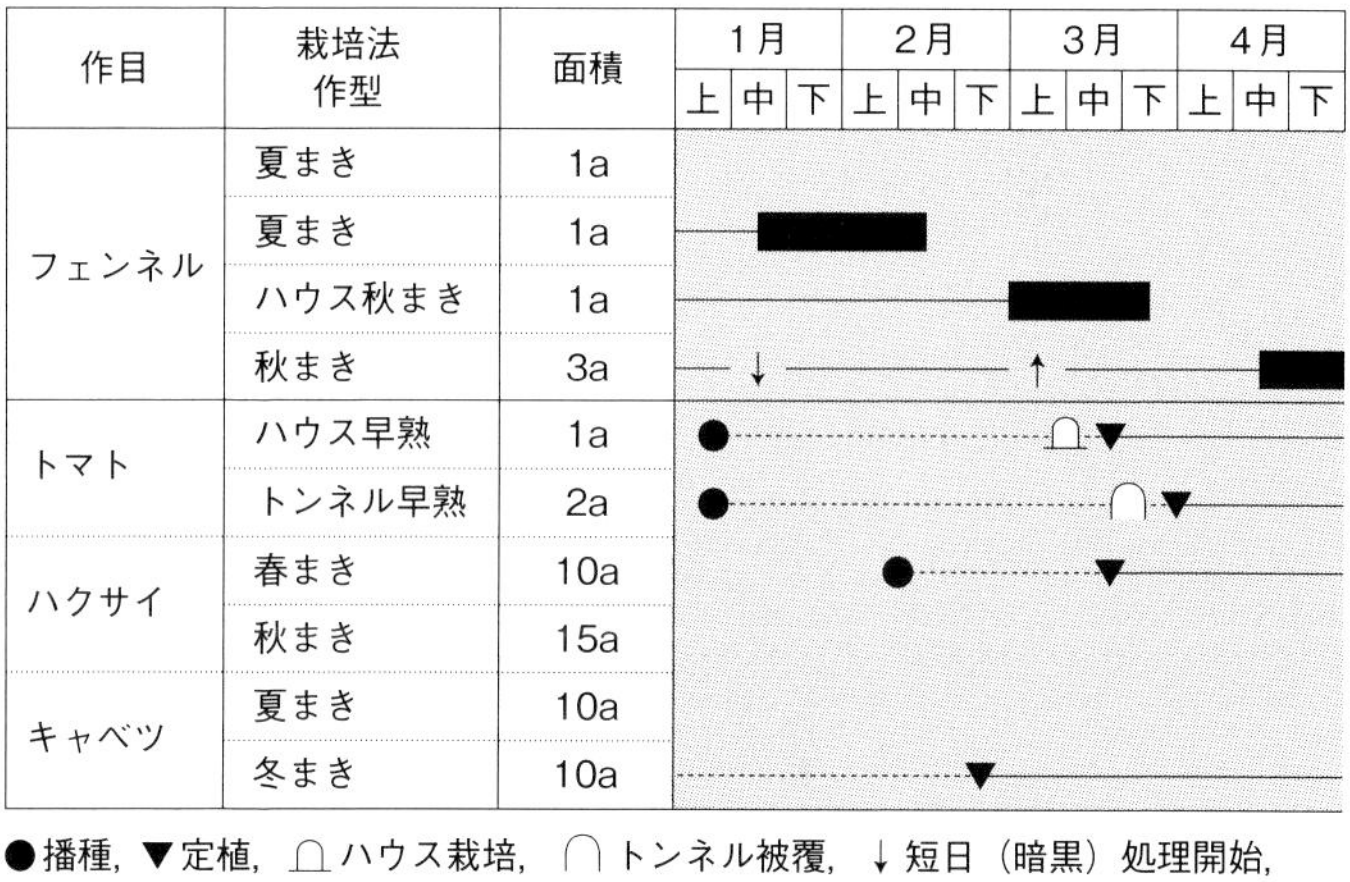


図1−2　山本俊明さんの作目と栽培暦
キャベツやハクサイを連作すると菌核病が発生しやすく，フェンネルも菌核病にかかりやすいが，‘ソルゴー’などを含めた多品目で輪作しているので菌核病が大発生することはない

# ❷ ガラス温室で多種類のイタリア野菜

## （フジワラファーム）

藤原稔司

### ハウス含む105aでフェンネルなど100品目以上

筆者は岡山県倉敷市で西洋野菜を栽培している（写真1―5）。父親の代は水稲だけだったが、現在は野菜を含めた複合経営である。経営面積は、水稲210a、西洋野菜105a（フェンロー型ガラス温室を含む延べ面積）。西洋野菜はマイナーなものを含めて年間100品目以上栽培し、ホテルやレストランと直取引しながら生産している（写真1―6）。

写真1―5
筆者と多品目栽培のハウス

## 葉っぱを口に含んだときの香りに魅せられて30年

そんな筆者がフェンネルと出会ったのは昭和48年のことである。大学に入学した当初、圃場に見慣れない野菜が数本植えてあった。教官に植物名を尋ねると、イタリアの野菜でフェンネルという名前だと教えてくださった。

細く繊細な葉っぱを口にすると、オーデコロンのような香りが口の中に広がった。今までに経験したことがない香りで、このときからフェンネルの魅力に取りつかれた。

大学の就学期間もフェンネルへの思いは募るばかり。卒業と同時に就農も考えたが、稲作兼業農家だったため、8年ほど公務員をすることにした。そのあいだに、共著者の川合貴雄さんからフェンネルの種子を譲り受け、以来自分なりに栽培技術の確立に励んできた。

写真1−6
フェンネルを使った食事会イベントの様子。SNSで呼びかけたファンクラブのみなさんと農園内にて

## 本場イタリアでは
## フェンネルが生活に密着していた

栽培を始めて間もない頃、ヨーロッパへ行く機会を得て、西洋野菜の本場を視察することになった。

オランダ、ベルギー、フランス、スイス、イタリアと半年ほどかけて見て歩いたが、イタリアでのフェンネルの生産量と需要はすさまじいものだった。なんと、歯磨き粉までフェンネル味なのである。まさに生活に密着している野菜の代表格だと思った。日本でいえばダイコンやハクサイにあたる野菜のようだった。

## ひとつの作物だけを求められることはなくなった

フェンネルを日本にも広めてみたい、定着させたい。そう考え、いっそう栽培に打ち込んだ。フェンネルは栽培すると株によって形がバラバラになることが多く、形が丸く香りの強いものが揃うように、畑の中で優良だと思われる株を数株選んで残しておき、自家採種をくり返すうち、安定した品質のものが揃うようになった（写真1－7、自家採種については76ページ参照）。

20年前のバブル期には栽培面積も50ａを超えていたが、やがて景気が悪化すると、ひとつの作物だけを求められるということはなくなり、現在筆者のフェンネルの生産は3ａほどである。

ニーズが多様化しているなかで、フェンネルなどの大型野菜は以前と比べて高級食材としての需要が減っているため、筆者は年間100品目以上を扱うことで対応している（売り方については90ページ参照）。

## 温暖化で発芽不良、球の肥大が悪くなってきた

時代が変わって需要が変化したように、栽培技術も変化してきている。一言でいうと、つくりにくくなってきている。

写真1－7
よい形を選抜してきた筆者のフェンネル

温暖化によって発芽が悪くなり、発芽しても高温が続くとバルブ（以下、結球部）の肥大が悪くなり、品質が劣るようになってきた。また、当園は市街地にあるため、自動車のライトで夜間も明るくなった影響で花芽分化しやすくなり、肥大が悪くなっている。そこで、種子量と間引きの手間はかかるが、球の肥大が優れる直まき栽培で対応している（直まき栽培については71ページ参照）。

作型としては、12月から翌年3月収穫（7月から10月初旬まき）を主体としている。この時期は結球部がいちばん肥大して品質が高い。端境期の6〜7月にほしがる人もいるが、この時期はフェンネルの花（写真1－8）が咲いてタネがとれるときなので、青い果実（種子）を「グリーンフルーツ」と称して香り付け用に売ることで対応している。

写真1－8
フェンネルの花

# 第2章

# フェンネルとは

# 1 生まれはどこ？——原産地と来歴

## イタリア南部原産のセリ科植物

フェンネルの原産地は地中海沿岸、イタリア南部とされている（図2―1）。フェンネルはセリ科の植物で、薬用種のスイートフェンネルと、その変種で野菜種（食用種）のフローレンスフェンネル（*Foeniculum vulgare* MILL. var.*dulce* A LFF.）とがある。薬用種のスイートフェンネルは草丈2m近くにまで大きくなるが、野菜種のフローレンスフェンネルは1～1・5mで株元がタマネギ状に肥大する。本書では、このフローレンスフェンネルをフェンネルと呼ぶ。フェンネルは、和名をイタリーウイキョウ、英名をフローレンスフェンネルまたはイタリアンフェンネル、伊名をフィノッキオと呼ぶ。

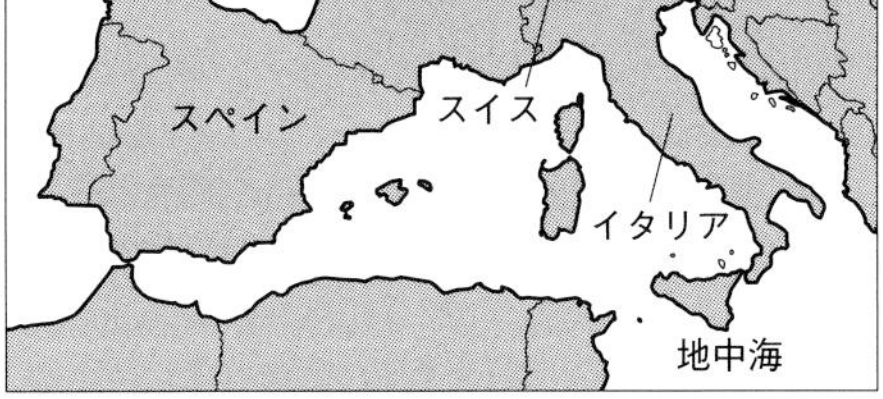

図2―1　原産地は地中海沿岸，イタリア南部

## 戦前に東京會舘のレストランに

フェンネルが最初にわが国に導入されたのは明治の中頃といわれている。それまではスイートフェンネルが薬用として栽培・利用されていただけである。しかも、野菜としてのフェンネルが一般に栽培されるようになるまでにはずいぶん時間がかかったようである。

戦前からヨーロッパに学んでブドウの巨峰を育成した「大井上理農学研究所」の大井上静一氏によれば、研究所でもわずかにフェンネルの種子が保存され、太平洋戦争前に東京丸の内にある東京會舘のレストランに少し提供したところ、当時の在京イタリア人から至極喜ばれたという。

## 当時の日本では野菜というより薬草のイメージ

日本に西洋野菜を持ち込んだとされる野菜卸の大木健二氏によれば、イタリアのシチリアでは時期になると野山の至るところにフェンネルの原生種が百花繚乱で、家庭では煮込みやサラダの隠し味としてよく使われているほど浸透しているが、日本で食用として注目されたのはアメリカの進駐軍が駐留した頃の第一次洋菜ブームからだという。当時は千葉県の農家が葉を付けたまま出荷していたが、独特の香りはあっても食味や形が本場のイタリア産にはほど遠いものだったとのこと。

また、当時の日本ではまだまだ野菜というより薬草のイメージが強かった。実際、根っこの部分に多く含まれるアネトールという物質が婦人病に効くといわれ、津村順天堂（現・ツムラ）の中将湯や実母散の原料として国内栽培されていたという（現在でも安中散にウイキョウ成分として含有されている）。

筆者がこのフェンネルの栽培の研究を始めることになったのは、筆者が当時所属していた岡山県立農業試験場の小林甲喜場長が昭和41年に種子をイタリアから導入したのがきっかけである。その後、試験栽培と種子の保存を行なってきた。昭和48年頃からは一般農家でも栽培が始められ、現在では他府県でも栽培されるようになった。

# 2 どうやって食べるの？――用途・利用

## 生でもよし、煮込んでもよし

フェンネルのおいしい食べ方はその分野にくわしい共著者の藤原さん（第7章「フェンネルの食べ方と売り方」）に譲るとして、ここではフェンネルの利用の概要について述べる。

フェンネルは独特の芳香と甘みがあり、肉料理ともよく調和する。

結球部の調理法は生食が最も適するが、炒め物、煮込みなど、洋風、和風、中華風のいずれの料理にも向く。

生食の場合は球を断ち割り、繊維の方向に対して直角に千切りするか、スティック状にして塩やマヨネーズで味付けしたり、酢の物（二杯酢、三杯酢）などにしたりする。煮て食べる場合は炒め物、酢豚風、スープ煮、クリーム煮などがよい。また、てんぷらや粕漬けにも適する。

## 葉はサラダやスープに、種子は香辛料に

羽毛状の小葉には甘い香りと苦みがあり、サラダに用いたり、刻んで和え物に加えたり、スープに加えたりするほかに、ハーブティーにも利用される。なお、フェンネルのハーブティーには利尿、強壮、消化促進作用、便秘の改善、気管支炎の改善などに有効といわれている。

また種子もフェンネルシードと呼ばれて、消化促進や消臭効果があるといわれ、香辛料やハーブとして食用、薬用に使われている。

## 甘い香り成分のアネトールに健胃作用

結球部にはタンパク質１・１％、脂質０・４％、糖質３・２％、食物繊維１・２％、灰分０・７％、還元型ビタミンＣ22・１㎎／１００ｇが含まれる。また、フェンネルの甘い香り成分はアネトールと呼ばれ、１００ｇ中に９㎎含まれ、健胃、お腹のガスの排出および呼吸疾患に有効とされる。機能性の高い野菜といえる。

# 3 どんな育ち？——性状、生育特性

## トウ立ちしなければ株元がよく肥大する——形態的特性

葉はウイキョウに酷似して羽毛状である（図2－2）。展開葉10枚目頃から株元が肥大し始め、抽苔（以下、トウ立ち）しなければ400～800gの球を形成する（図2－3）。トウ立ちは花芽をつけた茎が伸びだすことである。

花芽を形成するとトウ立ちし、花茎は高さ1～1・4mに伸び、6～8本に枝分かれした軸の先に放射状に多数の黄色小花をつける。花はやがて結実して果実となる。果実は長さ5～6㎜に肥大し、成熟すると2つに分離し、2粒の種子となる。

## 初期にチッソ・リン酸、後期にカリ・カルシウムが大事——栄養的特性

チッソは生育全期間を通じて重要な栄養素で、とくに結球中期までの茎葉充実期に重要である。正常生育個体の葉中チッソは生育初期から4％程度とかなり含有し、これが3・5％以下になると葉色が淡くなり、初期生育と球の肥大が劣る。生育後期になると、含有率は低下する（表2－1）。

リン酸は生育初期の含有率が低いが初期生育に重要な栄養素であり、生育初期にリン酸が少ないと

草丈が低く、株の生育が劣る（図2－4）。

カリは生育初期よりも結球期に重要である。結球初期の葉身中と株元の結球部とのカリウム含有率はほぼ同程度であるが、収穫期のカリウム含有率は結球部が葉身部よりも高く、9％ほど含有している（表2－2）。

カルシウムは葉身部よりも結球部に少なく、カルシウムが不足すると、生育や球の肥大が遅れる（表2－2、表2－3）。また、チッソ過剰、乾燥などによりカルシウムの吸収が抑制されると、心葉の先端が黒褐色に壊死する葉先枯れ（54ページ）が発生する。

図2－2 ウイキョウ
『寺崎日本植物図譜』（平凡社）

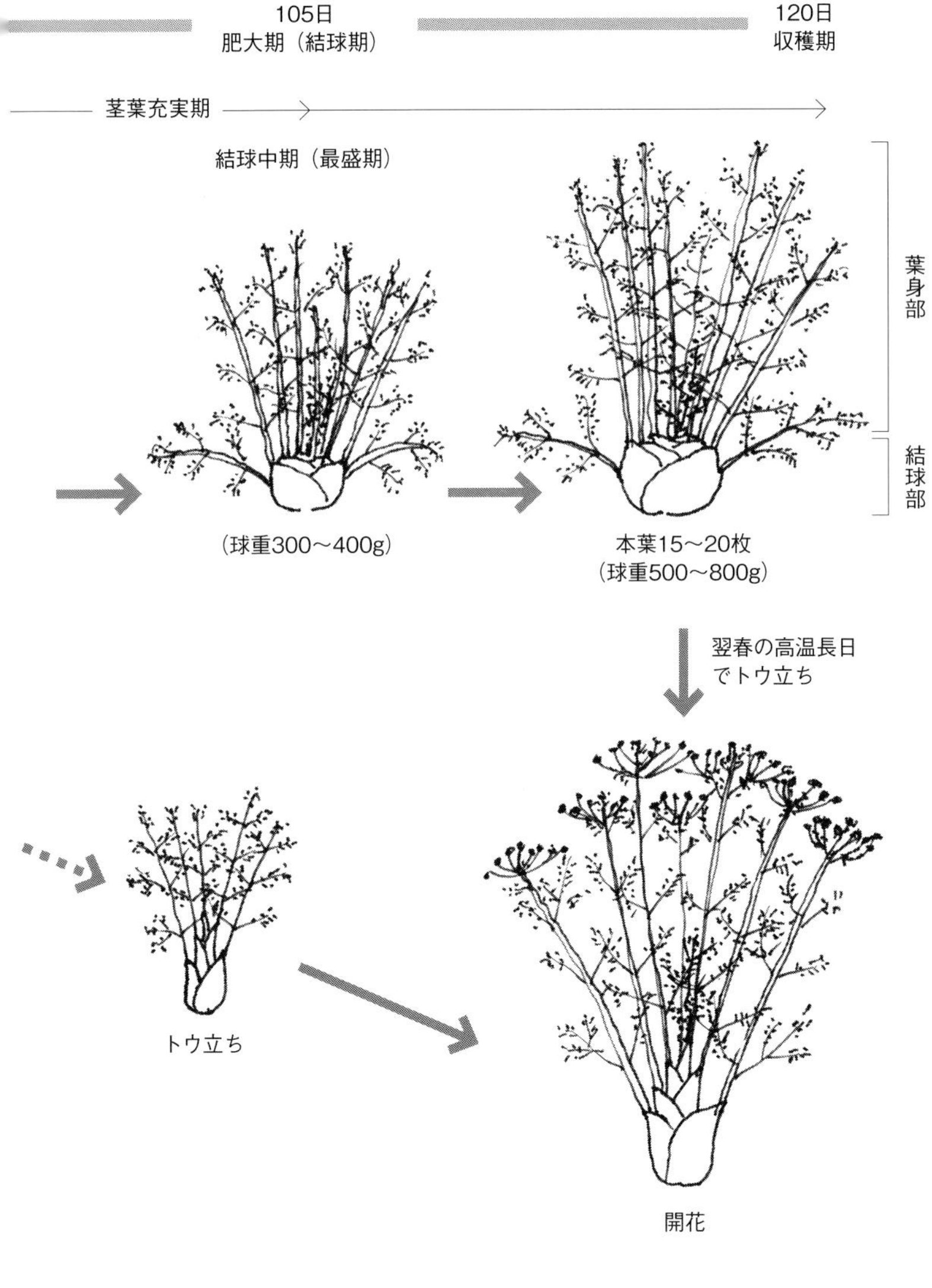
105日
肥大期（結球期）
120日
収穫期
茎葉充実期
結球中期（最盛期）
葉身部
結球部
（球重300～400g）
本葉15～20枚
（球重500～800g）
翌春の高温長日
でトウ立ち
トウ立ち
開花

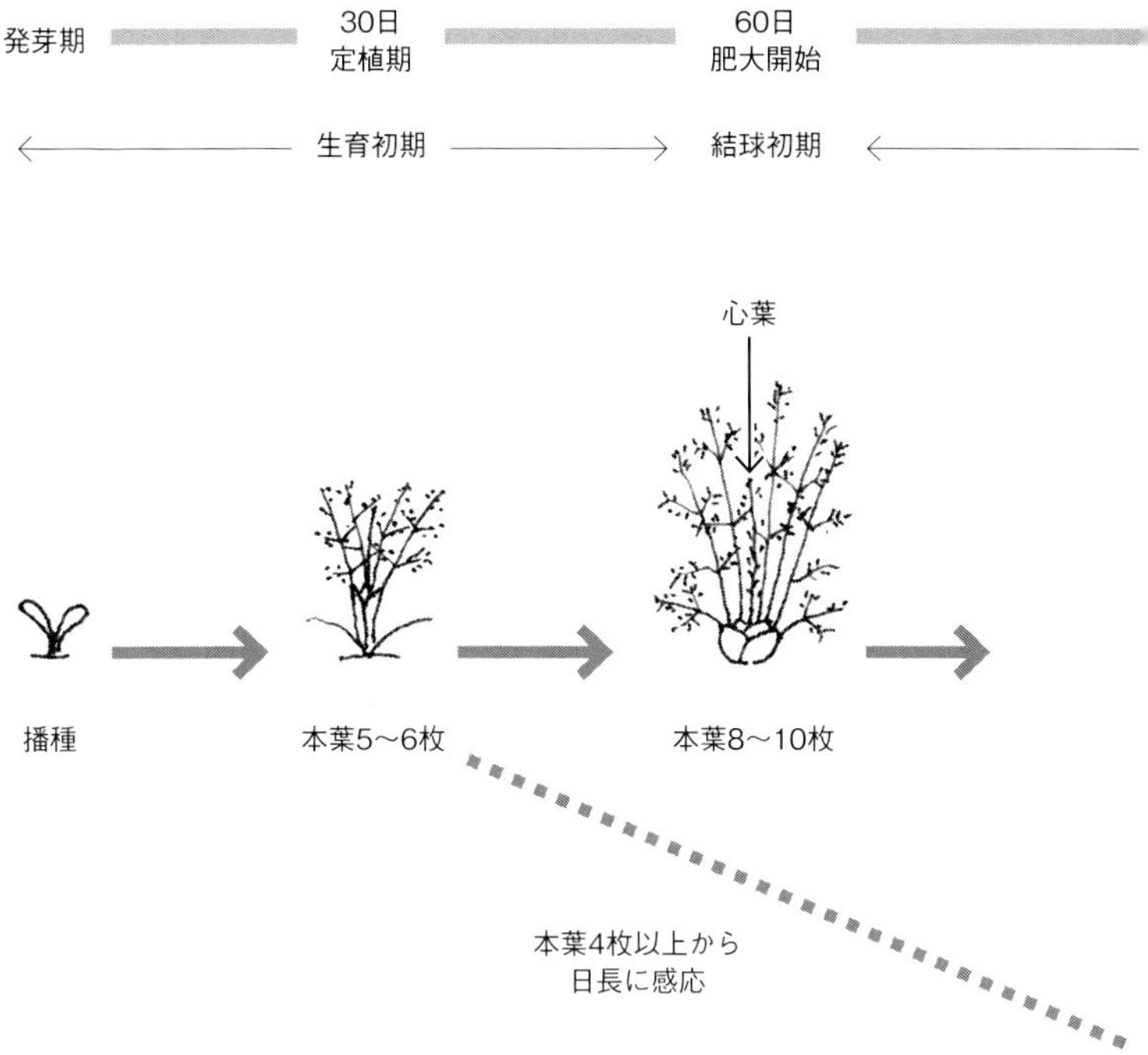


図2−3　フェンネルの一生の形態的変化（7月まき露地）

7 月にまくと，年内に結球するが，収穫しないでそのままにしておくと翌年春の長日に反応してトウ立ちする。7 月でも初旬に早まきしすぎると，8 ～ 9 月の長日に反応して年内にトウ立ちする

## 発芽はしやすい――発芽特性

フェンネルの種子はほとんど休眠せず、採種時に完熟していれば採種直後でも発芽する。発芽が可能な温度はおよそ10～30℃である。発芽適温は15～25℃で、播種後7日程度で全発芽数の90％以上が発芽する。低温下では発芽に日数がかかるが、発芽率は高い。種子の発芽年限は、通常の貯蔵（乾燥剤入り密封容器、常温貯蔵）では、3年が限度と思われる。

（岡山農試，1979）

| 葉中チッソ（乾物％） | | | |
|---|---|---|---|
| 生育中期 | | 生育後期 | |
| 葉身部 | 結球部 | 葉身部 | 結球部 |
| 3.0 | 2.3 | 1.8 | 1.3 |
| 3.8 | 3.2 | 2.6 | 2.3 |
| 4.5 | 4.2 | 2.4 | 2.6 |
| 4.4 | 4.3 | 3.5 | 3.7 |
| 4.2 | 4.3 | 3.6 | 3.8 |
| — | — | — | — |
| — | — | — | — |
| — | — | — | — |
| — | — | — | — |

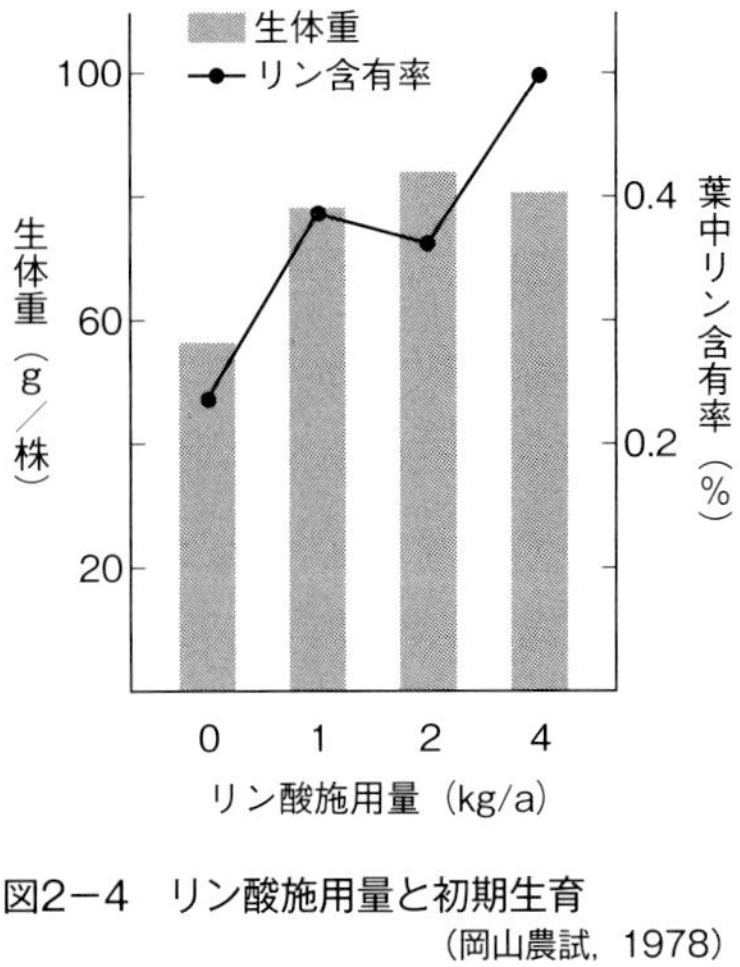


図2－4　リン酸施用量と初期生育
（岡山農試，1978）

表2−1　チッソ施用量と生育量および植物体中チッソ含有率

| 作　型 | 施肥量 (kg/a) | 総　重 (g/株) | 球　重 (g/株) | 土壌中無機態チッソ ($NH_3$-N＋$NO_3$-N) (mg/乾土100g) |
|---|---|---|---|---|
| 夏まき露地栽培 | 0 | 38 | 15 | 3.8 |
| | 1 | 315 | 137 | 4.2 |
| | 2 | 650 | 318 | 12.0 |
| | 4 | 833 | 434 | 15.8 |
| | 6 | 874 | 481 | 19.7 |
| 秋まきハウス栽培 | 0 | 780 | 418 | 7.7 |
| | 2 | 879 | 476 | 11.8 |
| | 4 | 1,033 | 578 | 20.1 |
| | 6 | 997 | 523 | 24.5 |

表2−2　収穫期の無機成分含有率（秋まき，単位：%）

（岡山農試，未発表）

| 養　分 | 葉身部 | 結球部 |
|---|---|---|
| チッソ（N） | 3.84 ～ 4.38 | 3.91 ～ 4.11 |
| リン（P） | 1.00 ～ 1.08 | 1.09 ～ 1.78 |
| カリウム（K） | 6.50 ～ 8.25 | 7.75 ～ 9.50 |
| カルシウム（Ca） | 2.13 ～ 2.25 | 0.73 ～ 0.95 |
| マグネシウム（Mg） | 0.29 ～ 0.33 | 0.26 ～ 0.35 |

表2−3　消石灰施用の影響

（岡山農試，1978）

| 施用量 (kg/a) | 総　重 (g/株) | 球　重 (g/株) | 葉中Ca 含有率 (乾物%) | 土壌pH ($H_2O$) | 置換性Ca (mg/乾土100g) |
|---|---|---|---|---|---|
| 0 | 220 | 92 | 0.60 | 4.7 | 46 |
| 10 | 405 | 184 | 1.09 | 5.2 | 70 |
| 20 | 539 | 240 | 1.23 | 6.0 | 111 |

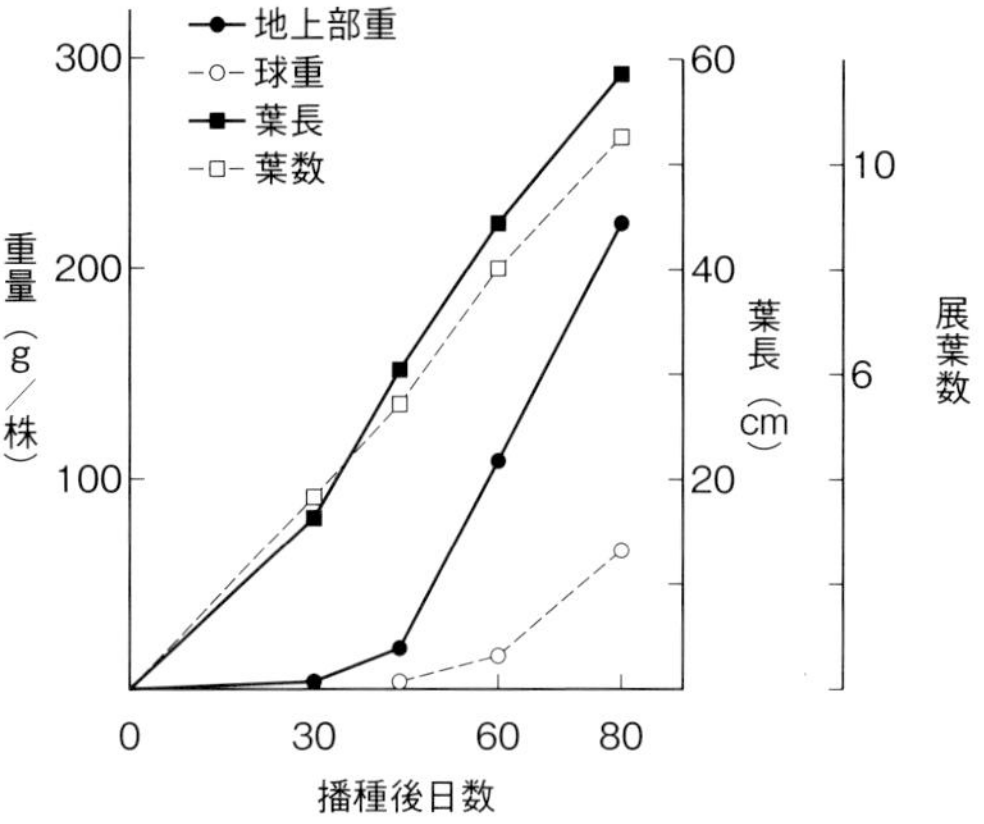


図2－5　9月上旬まき露地移植栽培の生育

（岡山農試，未発表）

播種後60日後に葉数は8枚で球重が増え始める

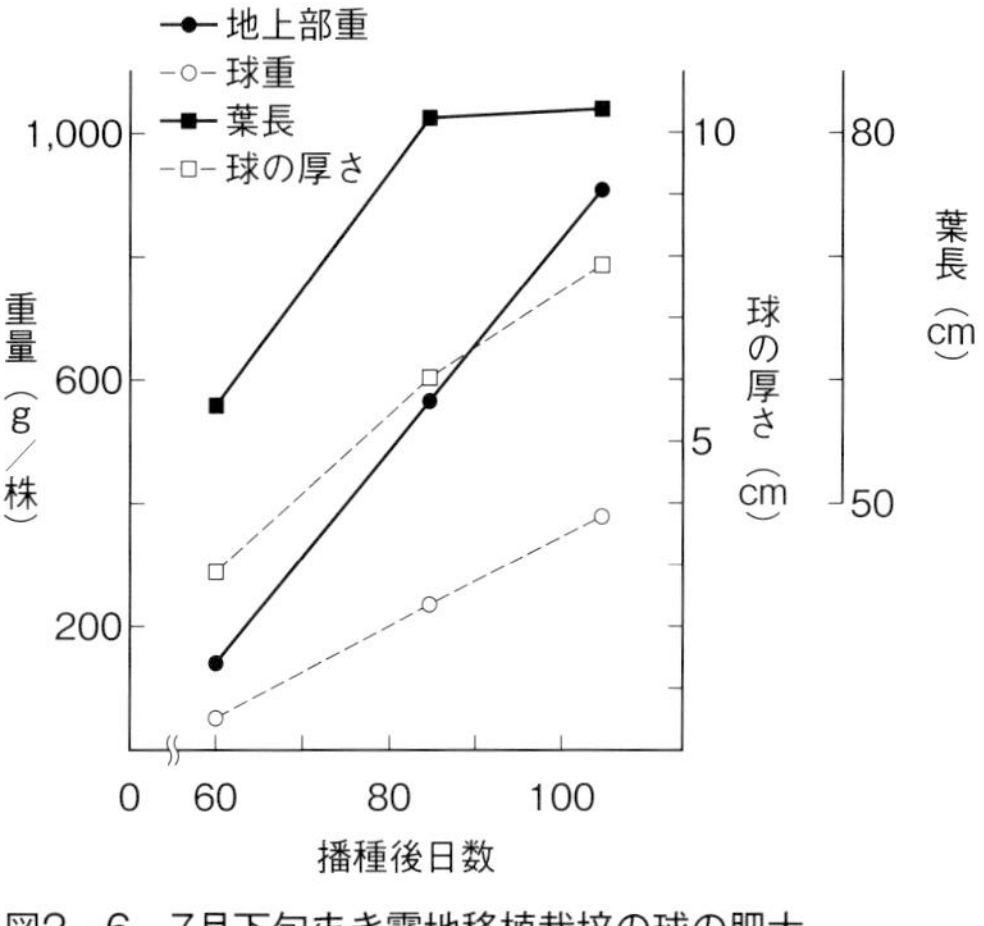


図2－6　7月下旬まき露地移植栽培の球の肥大

（岡山農試，未発表）

播種後100日後には収穫可能な400gに肥大する

## 本葉8～10枚で球が太り始める——生育経過と球の肥大

移植栽培において播種から収穫できるまでの日数はかなり長く、7月まきの露地栽培で約4カ月、9月まきハウス栽培で約6カ月かかる。9月上旬まき露地栽培では播種後30日で本葉4枚、葉長約

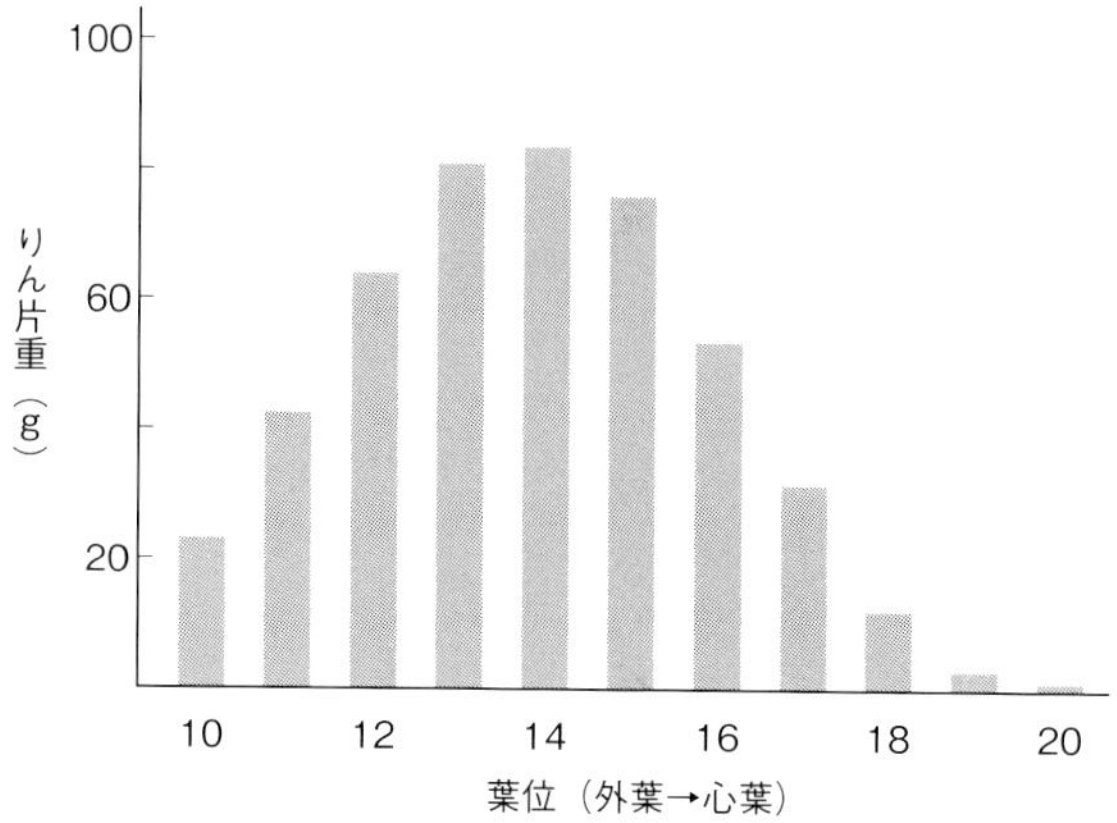


図2−7 結球部の葉位別りん片重 （岡山農試，未発表）
収穫適期の葉 20 枚を外側からすべてむいて重さを測ると，12 〜 16 枚目がよく肥大していた

17cmに達し、播種後60日頃には本葉8～10枚が展開し、株元の肥大開始期に入る（図2－5）。

肥大を開始すると茎葉重が急増し、7月下旬まき露地栽培での播種後105日頃には収穫可能な重さ（球重が400g）に達する（図2－6）。それ以後、凍霜害を受けなければ、球重はしだいに増えてくる。しかし、700～800gに肥大すると、球を形成している株元の外位葉からスが入ったり、裂球したりするようになる（ス入りと裂球は54、55ページ）。700～800gに達した球形成は本葉10枚目以上であり、球重は本葉12～16葉目が重い（図2－7）。

## 12時間以上の日長で花芽分化する
### ――花芽分化とトウ立ち

結球するには一定の葉数分化、すなわち17～

表2－4　日長と花芽の分化・発達との関係　（川合・市川，1979）

| 日　長（時間） | 生体重（g） | 分化葉数（枚） | 茎　長（cm） | 節間長（cm） | 花芽の発達状態 1)（個体数） | | | | | |
|---|---|---|---|---|---|---|---|---|---|---|
| | | | | | 0 | 1 | 2 | 3 | 4 | 5 |
| 8 | 205 | 24 | 6.6 | 0.3 | 9 | | 1 | | | |
| 10 | 158 | 22 | 7.6 | 0.3 | 6 | 3 | 1 | | | |
| 12 | 124 | 22 | 15.7 | 0.7 | 2 | 5 | 1 | | 2 | |
| 14 | 90 | 15 | 75.7 | 5.0 | | | | 2 | | 2 |

注　1）0：未分化，1：分化初期，2：花梗形成，3：萼片形成，4：出蕾，5：開花
日長が12時間を超えると花芽が早く分化し，花茎も伸びる

18枚以上の分化が必要である。したがって球形成に必要な葉数が分化しないうちに花芽が分化すると結球しないでトウ立ちする。

花芽分化には日長が影響し、日長が長いほど花芽の分化・発達が促進される。とくに12時間以上の日長で花芽分化が早く、花茎もよく伸長する（表2－4）。しかし、短日処理により8時間日長にしてもやがて花芽分化することから、日長に対して量的な感応をするものと考えられる。

日長感応は生育ステージによって異なる。すなわち、展開葉の本葉3枚までの苗は長日下でも花芽分化が起こらず、本葉4枚以上の大きさの植物体で感応し、しかも生育の進んだ植物体ほど感応しやすいようである。

このように花芽分化に対しては日長が大きく影響し、温度はほとんど影響していない。しかし、花芽分化後の花芽の発達は温度に影響され、高温であるほど花芽の発達が進み、花茎が長くなり、トウ立ちしやすくなる。

そこで播種期別に花芽が分化するまでの葉数およびトウ立ち時

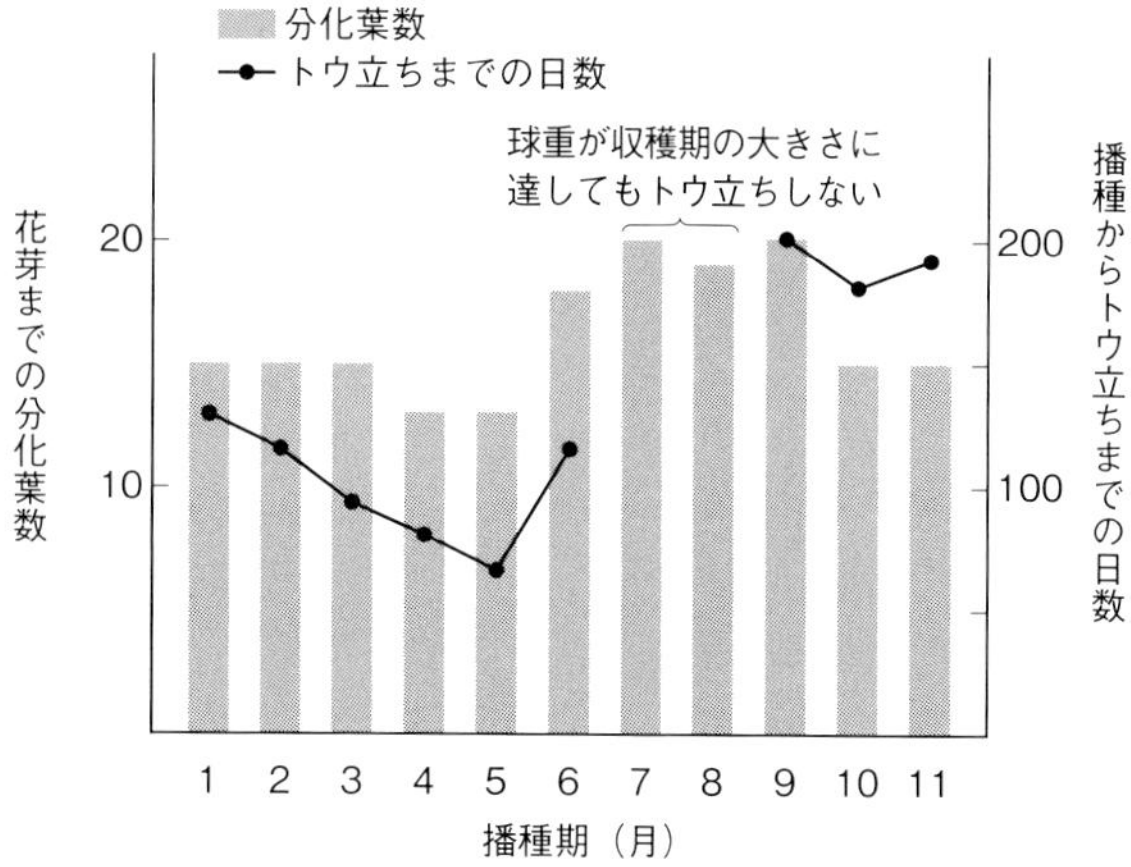


図2－8　播種期と花芽分化，トウ立ちとの関係（川合・市川，1978）
３～５月にまくとトウ立ちが早いが，７～８月まきではトウ立ちしない

期をみると、３月から５月にかけて播種し、高温長日下で生育する作型では葉数が少なくて花芽が分化し、トウ立ちが早い。７～８月に播種し、短日で気温下降条件のもとで生育する作型では、花芽の分化が遅く、葉が20枚分化しても花芽は分化せず、トウ立ちが認められない（図２―８）。

## どんな環境が好きなの？
## ――生育に及ぼす環境要因

### (1)密植は苦手――光条件

単位面積当たりの栽植株数が多いほど多収であるが、球の肥大は逆に劣り、球重が軽くなる。これは主として密植による光線不足と養分の競合によるものである。

夏まき露地栽培のように日照量が比較的多い

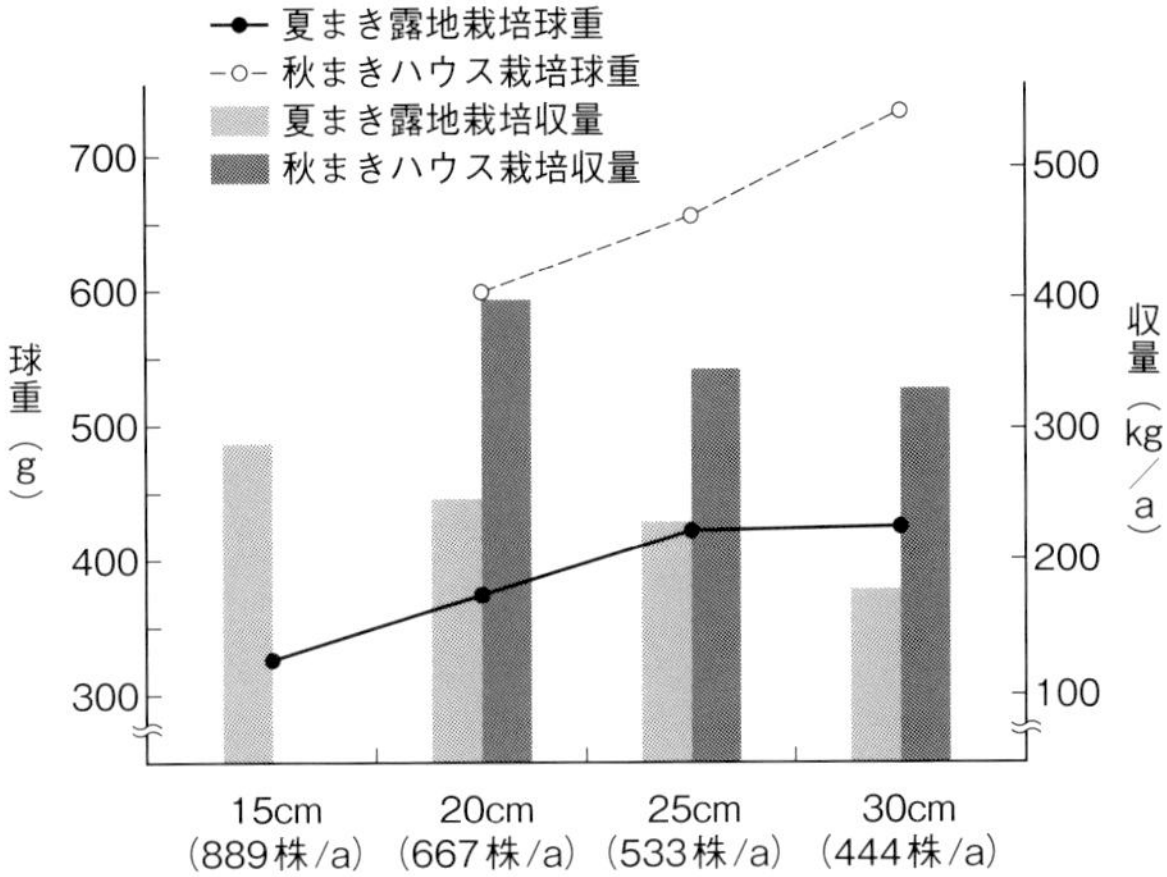


図2−9　株間と収量との関係　（川合・市川，1979）

夏まきより日照時間が少ない秋まきのほうが密植すると球の肥大が悪くなる

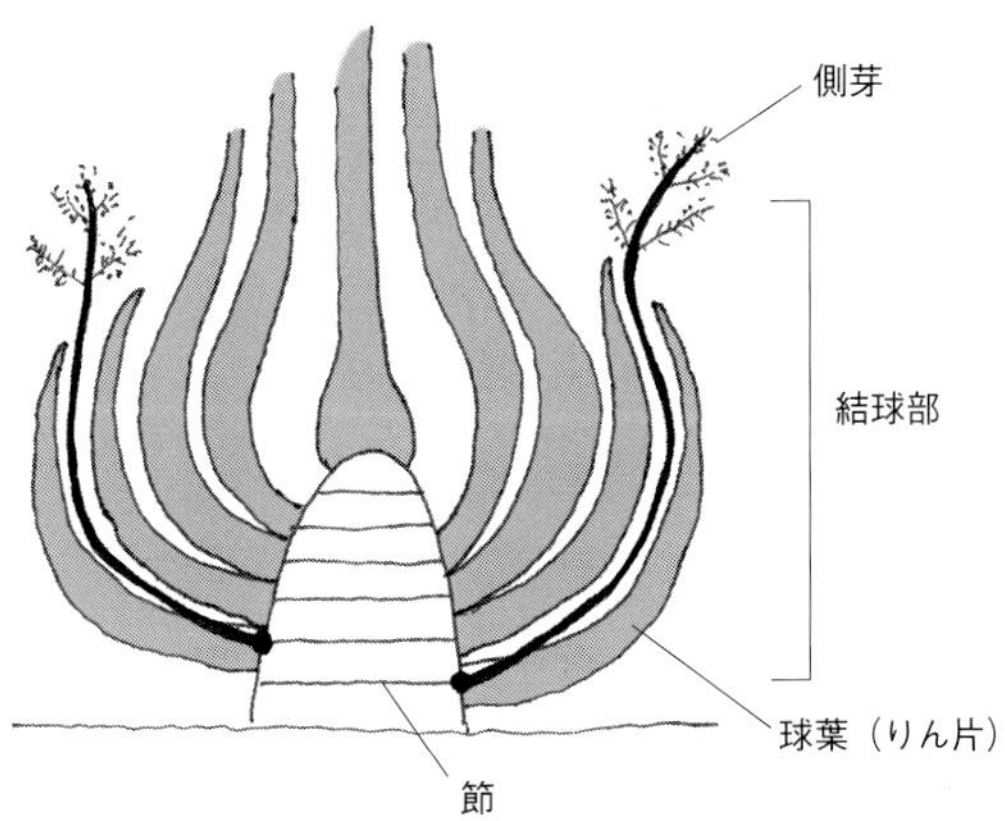


図2−10　側芽（わき芽）

球葉が締まっていないと，その間から側芽が発生して見栄えが劣る

表2−5 結球部の耐寒性 （岡山農試，1980）

| 夜間気温（℃） | 地表下10cm夜間地温（℃） | 夜温処理日数（日） | 結球部内温度（℃） | 凍害程度 | | |
|---|---|---|---|---|---|---|
| | | | | 結球部の表皮剥離 | 結球部の水浸症状1） | 結球部の縦割れ |
| −1.0〜−1.2 | 3.5 | 8 | 0.5〜−1.1 | 微 | 無 | 無 |
| −1.0〜−3.0 | −0.3 | 8 | −0.7〜−1.2 | 少 | 中 | 無 |
| −1.5〜−2.0 | 2.0 | 8 | −0.9〜−1.2 | 少 | 中 | 無 |
| −1.5〜−2.0 | 2.0 | 16 | −0.9〜−1.2 | 少 | 多 | 無 |
| −3.0〜−3.5 | −0.2 | 8 | −1.2〜−1.7 | 中 | 多 | 有 |

注 昼間気温8〜24℃
1）結球部の水浸症状の「中」は球葉1枚の3分の1程度が回復せず，「多」は全体が回復せず

と密植による球重減少があまりみられない。しかし、秋まきハウス栽培のように生育期間中が弱光線では密植すると球重が著しく劣る（図2−9）。

したがって、大球を生産するには疎植がよいが、日照量の多い時期にあまり疎植にすると球の間から側芽が発生し、かえって品質が劣る（図2−10）。

### (2) 高温は苦手、低温のほうが球は太る——温度条件

生育には冷涼な気候を好み、わが国では秋季と春季に順調な生育をする。このため、発芽後2〜3枚の頃までに高温に直面すると苗立枯病が発生しやすい。また、結球期に高温に直面すると側芽が発達して良球が得られず、軟腐病も発生しやすい。

一方、低温には比較的強く、結球前の生育初期にはマイナス4℃程度の低温には耐えて越冬する。しかし結球期には低温に弱く、マイナス1℃以下になると結球部が寒害を受けてやがて腐敗する（表2−5）。

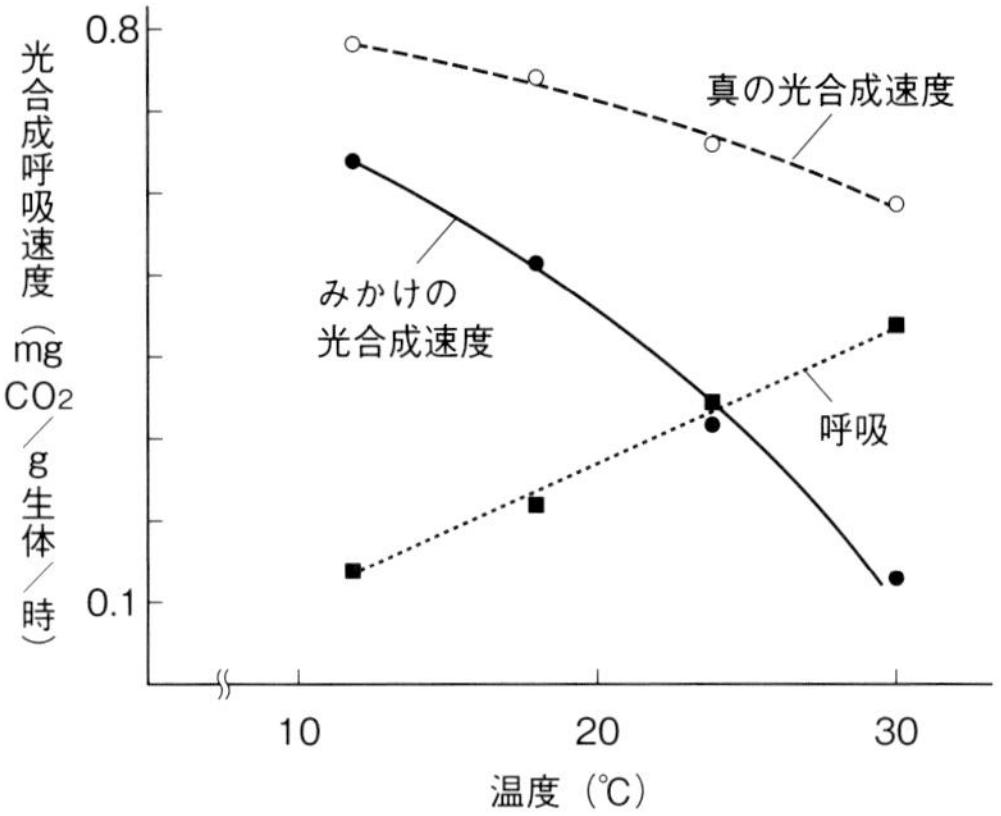


**図2−11　温度と光合成，呼吸速度の関係**　（岡山農試，1982）
照度1万ルクス
低い温度のほうが盛んに光合成をする

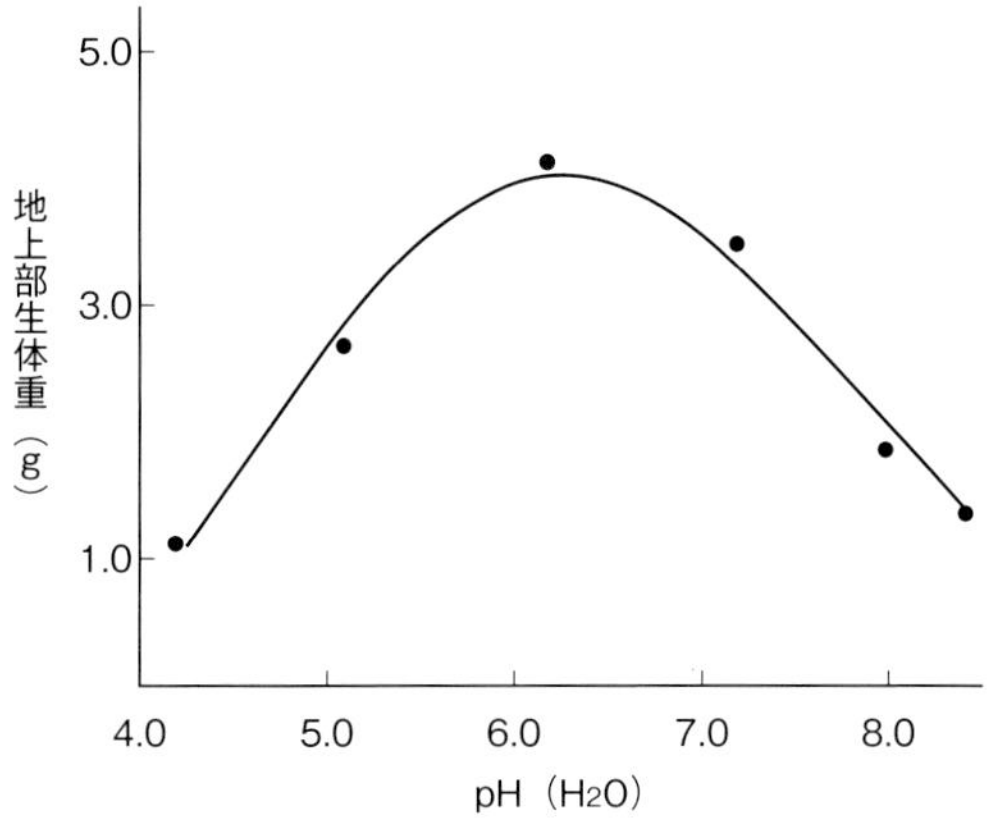


**図2−12　土壌酸度と苗の生育**　（岡山農試，1978）
pH6.2でよく生育し，それ以下でもそれ以上でも生育は劣る

表2−6　昼温と球肥大との関係　（岡山農試，1983）

| 昼間気温処理 | 生育期間中気温（℃） | | 総　重（g/株） | 球　重（g/株） | 1片当たり平均りん片重（g/枚） | りん片厚（mm/枚） |
|---|---|---|---|---|---|---|
| | 昼　間 | 日平均 | | | | |
| 低　温 | 17.2±3.7 | 11.9±2.5 | 628 | 304 | 22 | 7.1 |
| 中　温 | 21.2±4.0 | 14.0±2.4 | 939 | 466 | 35 | 7.6 |
| 高　温 | 22.3±4.4 | 15.0±2.7 | 895 | 449 | 29 | 7.0 |

注　昼温21℃程度の冷涼な気候で球はよく肥大する

表2−7　夜温と球肥大との関係　（岡山農試，1982）

| 夜温処理 | 生育期間中気温（℃） | | 総　重（g/株） | 球　重（g/株） | 1片当たり平均りん片重（g/株） | りん片厚（mm/枚） |
|---|---|---|---|---|---|---|
| | 夜　間 | 日平均 | | | | |
| 低　温 | 7.6±3.2 | 14.1±2.2 | 1,477 | 810 | 45 | 8.0 |
| 中　温 | 17.8±2.4 | 19.4±1.2 | 1,114 | 558 | 33 | 7.3 |
| 高　温 | 22.1±2.8 | 24.2±1.7 | 819 | 377 | 18 | 5.2 |

注　7.6℃までは低い夜温のほうが球はよく肥大する

ハウス栽培では昼夜の温度管理のあり方が収量・品質に大きな影響を及ぼす。球の肥大に及ぼす昼間気温の影響をみると、昼間21℃程度の場合にりん片が最も厚く、球重が重く、球の肥大・形成がよい（表2−6）。

また生育、球の肥大は光合成量に大きく影響される。昼間の照度が1万ルクスの場合、10〜30℃の範囲では気温が高いほど、みかけの光合成速度が低下し、呼吸速度が高まっており、光合成からみても昼間の適温はかなり低いようである（図2−11）。

球の肥大に及ぼす夜温の影響をみると、昼温を18〜30℃に保持した場合、日最低気温が7・6℃までは低いほど球の肥大が優れた（表2−7）。したがって、夜温は凍霜害が発生しない程度の気温であれば低いほうが球の肥大は優れるものと考えられる。

### (3) 軽い土ではスが入る――土壌条件と施肥

重い土壌（埴壌土）でも軽い土壌（砂壌土）でもよく生育する。しかし、軽い土壌では、スが早くから入り、品質が劣る。またフェンネルは根が太く、根群もよく発達するので乾燥には強いが、多湿では生育が劣る。土壌酸度がpH5・4〜7・0の範囲ではほぼ順調に生育する。生育はpH6・2が最も優れ、これより酸性側でもアルカリ性側でも劣る（図2―12）。

土壌中チッソ含有量は20mg／乾土100g程度必要で、12mg／乾土100g以下では著しく減収する。しかし、22mg／乾土100g以上では過剰となり、生育がかえって劣る。

露地栽培では降雨による流亡が多いことから、チッソ施用量6kg／aまでは施用量の増加につれて生育が優れる。しかし、圃場の肥沃度によって異なるので実際のチッソ施用量は4kg／aくらいまでに留めたほうがよい。

一方、ハウス栽培では流亡が少なく、前作のチッソが残ることが多いので露地栽培ほど顕著な増収効果は望めないことは、表2―1でみたとおりである。

リン酸およびカリは、無施用ではかなりの減収を招くが、熟畑では土壌中にかなり残っているので2kg／a程度の施用でよい。ただし、火山灰土のようなリン酸吸収係数の高い土壌ではリン酸施用量を50％ほど増やす必要がある。

# 第3章

# フェンネルの育て方のポイント

前述したように、本書におけるフェンネルを育てる目標は、いかに４００～８００ｇの大きくて柔らかい、きれいな良球を育てるかにある。そのためには病害や障害を受けないで、トウ立ちを避けることが求められる。

## 1 つくりやすい地域は？

### 夏季冷涼・冬季温暖な気候が長く続く地域

フェンネルは冷涼な気候を好み、凍霜害を受けない程度の気温であれば、夜温は低いほど肥大が優れ、甘味の高い品質のよい球が生産できる。結球期に夜温が高いと繊維が多く、甘みが少なく、ス入りも早まり、品質が劣る。しかし、結球期にマイナス１℃以下になると結球部が凍害を受ける。したがって、夏季冷涼・冬季温暖な気候が長期間続く地域ほど適地といえる。

また、気温以外で栽培を決定する要因として日長条件

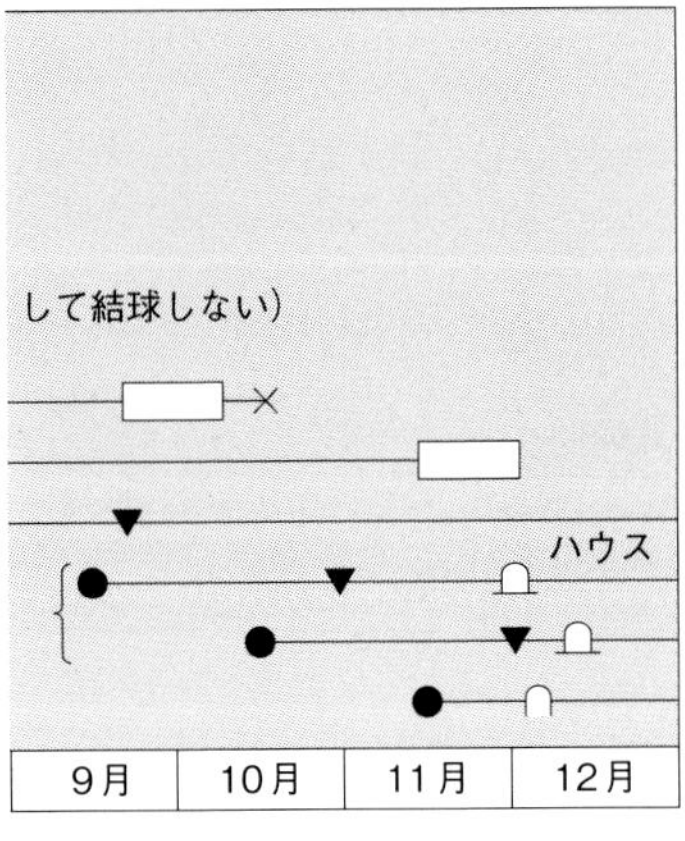


図3−1
播種期と生育，トウ立ちの様子
(川合・市川，1979)
夏まき，秋まき，冬まきが基本となる。7月まきはトウ立ちの心配がなく年内に収穫できる。6月まきだと10月にはトウ立ちするのでそれまでに収穫しなければならない。春まきはトウ立ちして良球は得られない（早生～中早生種は除く）

がある。展開葉の本葉15枚以上の株が長日条件に直面すると花芽分化を促し、やがてトウ立ちして不結球になるので、作期幅は限定される。すなわち、春まきでは良球を収穫するのは困難である。

## 2 つくりやすい時期は？

### まきどきと生育の違い

3月播種は球肥大期に高温に直面して軟腐病が発生するので、夏季冷涼な地帯でないと栽培が困難である。4月から6月上旬にかけての播種は、日長が長く高温のため、トウ立ちして良球の生産は望めない。また8〜9月播種はかなり温暖な地域でないと肥大部が凍害を受ける。

したがって良球を生産しうる基本的作型は7月に播種する夏まき栽培である。この作型であれば、トウ立ちの心配はほとんどない。この作型でのまきどきの幅は結球

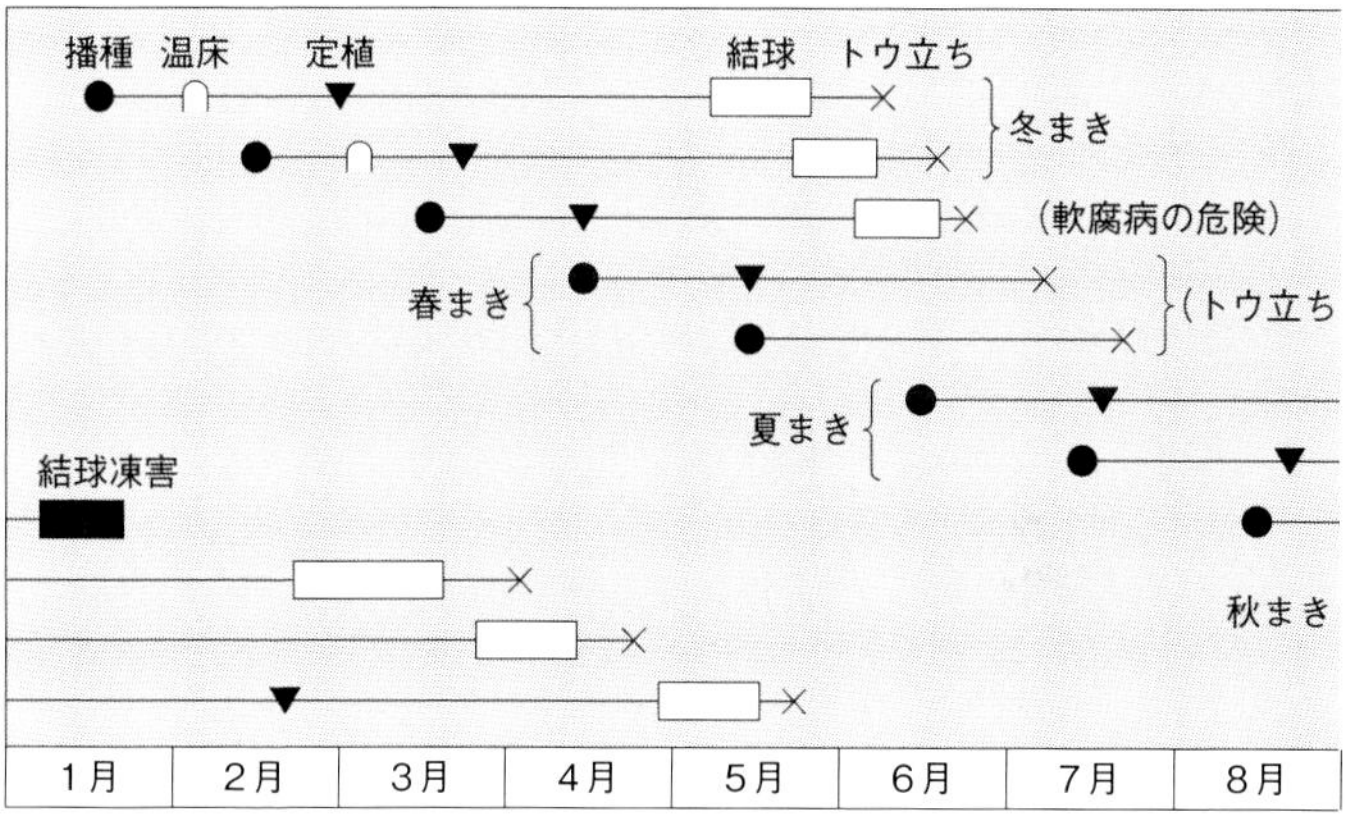

期に適温が保持できる冬季温暖な地帯ほど広く、厳寒地域ほど狭い。

しかし、ビニールフィルムなどの保温資材を用いて温床育苗またはハウス栽培を行なえば、1～2月播種と8～12月播種が可能となるので、良球となりやすい中生品種を使った作型としては夏まき、秋まき、冬まきの3作型に分けられる（図3－1）。

## 夏まき露地栽培――苗立枯れに注意すれば、最も栽培が簡単

冬季温暖な地帯ほど栽培が容易である。年平均気温14℃地帯での播種期と収穫期、収量との関係をみると、7月10日から7月25日までの播種では年内に良球が収穫できる（表3－1）。食味も優れる。

夏季冷涼地帯では、高温障害を受けない点は有利である反面、秋の気温降下が早いうえ、長日条件にあってトウ立ちしやすいので播種期幅が狭い（写真3－1）。この地帯では6月播種による10～11月収穫が可能であるが、できるだけ順調な生育をさせ、早く結球態勢に入らせる。

この作型で唯一注意が必要なのは、苗立枯病である。7月から9月の高温期の苗床で発生しやすいので、種子にオーソサイド水和剤80をまぶして播種したのち、出芽後は灌水をできるだけ控え、胚軸（根元）に水がかからないよう注意して苗の胚軸を硬めに育てる。

ちなみに、冒頭で紹介した山本嘉明さんも、出芽後は灌水を控え目にして緩慢な生育をさせ、苗立枯病を抑制している。ただし、日長が12時間以上の長日下で展開葉が10枚以上に生長していれば花芽

分化してトウ立ちの危険があるので定植までに10枚以上に生育しないよう、灌水を控えるように心掛けている。

表3−1 夏まき露地栽培の播種期試験 (川合・市川，1978)

| 播種期（月/日） | 総 重（g） | 球 重（g） | 球の品質 | 凍害程度 | 収穫時期（月/日） |
|---|---|---|---|---|---|
| 7/10 | 870 | 336 | 中 | 無 | 11/14 |
| 7/15 | 913 | 384 | 上 | 無 | 11/14 |
| 7/20 | 961 | 452 | 上 | 無 | 11/14 |
| 7/25 | 932 | 389 | 上 | 無 | 12/3 |
| 8/1 | 685 | 417 | 中 | 中 | 1/13 |
| 8/5 | 494 | 300 | 中 | 中 | 1/13 |
| 8/10 | 360 | 198 | 下 | 甚 | 1/13 |
| 8/15 | 502 | 301 | 下 | 甚 | 1/13 |

注 7月10～25日までに播種すれば凍害にあうことなく年内に収穫できる

写真3−1 左がトウ立ちした株

## 秋まき栽培
### ——ハウスやトンネルが必要

9月播種は、結球期にマイナス1℃以下にならない地域では露地栽培ができる。それ以外の地域では結球部が凍害を受けるので、ビニールハウスまたはトンネルによる保温が必要である。

ハウス内での播種期試験によると、8月30日から9月20日までの播種は大球になって品質もよいが、9月30日以後の播種では球が小さくなる（表3－2）。さらに10月10日以後の播種ではトウ立ちを招くのでやや早めに収穫するか、または短日処理によるトウ立ち防止手段（48ページ）が必要である（表3－3）。

## 冬まき栽培
### ——温床育苗が必要で、球は大きくならない

冬季がとくに温暖な地域は別として、一般に温床育苗を行ない、露地へ定植する作型である。

この作型は定植後の生育は早いが、急激に温度が上昇するため、

表3－2　秋まきハウス栽培の播種期試験　（川合・市川，1978）

| 播種期（月／日） | 総　重（g） | 球　重（g） | 球の品質 | 収穫時のトウ立ち率（%） | 収穫時期（月／日） |
|---|---|---|---|---|---|
| 8/30 | 1,314 | 840 | 上 | 0 | 2/24 |
| 9/10 | 1,464 | 964 | 上 | 0 | 3/3 |
| 9/20 | 1,448 | 936 | 上 | 0 | 3/10 |
| 9/30 | 1,087 | 669 | 上 | 0 | 4/3 |
| 10/10 | 1,073 | 642 | 中 | 15 | 4/3 |
| 10/20 | 920 | 533 | 中 | 17 | 4/11 |

注　8月30日から9月20日までに播種すれば大球になる

繊維が発達して球の品質が劣るうえにトウ立ちしやすくなる。このため、球は大きくならず、せいぜい100〜200g程度である。

そこで冬まきには、球が大きくなる中生品種を無理に使わないで、肥大が早く、コンパクトに整い、繊維があまり発達しない早生〜中早生品種を使うとよい。早生品種はあまり肥大しないが、柔らかく、種まきから60日ほどで収穫できるので短期栽培ができる（品種については56ページ）。

## 春まき栽培
### ——冬まき同様に球は大きくならない

播種および出芽後の初期生育は適温に恵まれ、順調であるが、中生品種は播種から2カ月後にはトウ立ちして結球しない。このため、冬まき栽培と同様に、トウ立ちしないうちに結球する早生品種を用いる。

表3−3　秋まきハウス栽培での短日処理によるトウ立ち防止

（川合・市川，1979）

| 処　理 | 個体調査（4月28日） | | | | 収 量<br>（4月28日）<br>（kg/44株） | 5月6日 | |
|---|---|---|---|---|---|---|---|
| | 総 重<br>（g） | 球 重<br>（g） | 球 厚<br>（cm） | 球 高<br>（cm） | | 茎 長<br>（cm） | トウ立ち率<br>（%） |
| 無処理 | 1,404 | 854 | 7.9 | 16.6 | 60.0 | 39.7 | 70 |
| 定植後30日目まで短日処理 | 1,633 | 1,001 | 7.9 | 17.0 | 65.6 | 42.2 | 51 |
| 定植後50日目まで短日処理 | 1,433 | 806 | 8.7 | 14.9 | 57.5 | 17.2 | 38 |
| 定植後65日目まで短日処理 | 1,266 | 691 | 8.7 | 14.0 | 51.0 | 14.3 | 17 |

注　播種日：10月30日，定植日：1月23日
　10月30日まきでも短日処理すればトウ立ちが減って大球になる

## ❸ トウ立ちを防ぐには

### 夏まきでは20日間の短日処理

前述したように、夏まき栽培ならトウ立ちの心配が少なく、安心して育てやすい。栽培に慣れてきたら、夏まき栽培以外の作型にも挑戦してみたい。品種選択やトウ立ちを防ぐ方法を用いれば、フェンネルを周年で育てることができるようになる。

周年供給するためには、トウ立ち防止技術による播種期幅の拡大が不可欠である。そのため遮光による短日処理（暗黒処理）を行なう。短日処理期間は球肥大に支障がない程度に開始時期や期間を明確にして最小限にとどめたい。すなわち処理開始は日長に感応する本葉4枚展開時からでよい。処理期間は生育が短日に向かう夏まき栽培では約20日間である（図3－2）。

### 長日に向かう秋まきでは50日程度の短日処理

しかし、生育が長日に向かう秋まきおよび冬まき栽培では事情が異なる。すなわち10月まきは、育苗中とさらに定植後30日間程度の短日処理ではトウ立ち防止効果が十分でない。定植後65日間くらいの短日処理でもトウ立ちの完全防止は困難で、長日に向かう作型での短日処理効果は現れにくい。と

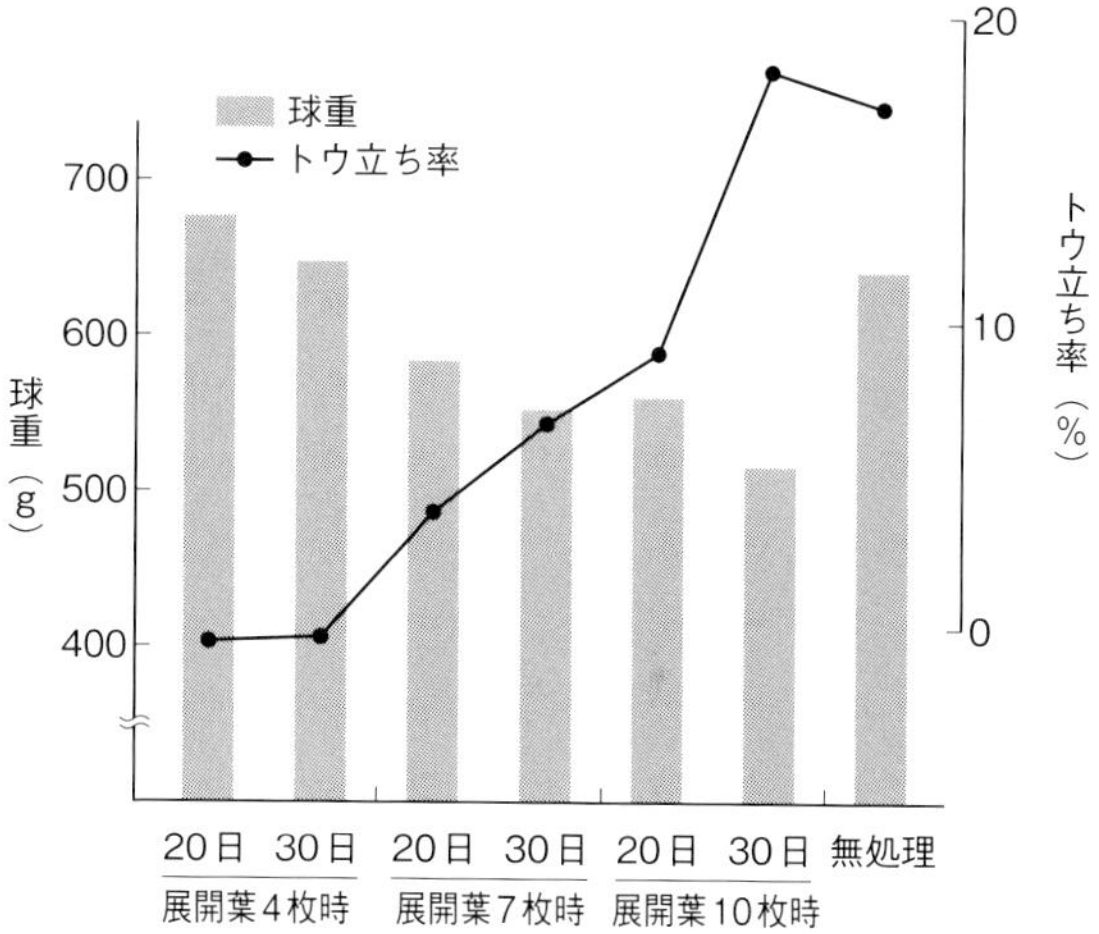


図3−2　夏まき栽培での短日処理の開始時期と期間

（川合・市川, 1979）

夏まき栽培では本葉4枚時から20日間短日処理すればトウ立ちが減らせる

はいえ、65日間は大変なので実用的には定植後50日間程度、すなわち展開葉12枚程度まで短日処理をする必要がある。

このような短日処理によって夏まき栽培では10日ほど早まきができ（早まきするほどトウ立ちしやすいリスクが緩和される）、秋まきと冬まき栽培ではトウ立ちを遅らせることができる。

## 厚さ0・1mm以上のシルバーポリを使う

短日処理には完全遮光できる厚さ0・1mm以上のシルバーポリフィルムを被覆して暗黒状態にする。夏まき栽培で短日処理する場合は、短日処理によってトンネル内が高温になるので、午後4時頃から日没まで暗黒処理したのちにフィルムを除いてもよい。9～10月まきで短日処理するさいは、処理期間中に保温が兼ねられるので好都合である。

ちなみに、本書の冒頭で紹介した山本俊明さんは、10月下旬頃の播種の作型で1月中旬から3月上旬にかけて短日処理をして良質フェンネルを生産している。展開葉10枚以上に生育したフェンネルを8時間日長になるよう0・1mm厚さのシルバーポリフィルムで50日間程度の短日処理をする。これによって生育中に花芽分化してトウ立ちすることを防いで、4～5月に重量感のあるフェンネルを収穫している。

## これがフェンネルの栽培暦

以上のことから、フェンネルの栽培暦を地域別に示すと、図3－3～3－5のとおりである。

最適地は、関東、東海、瀬戸内沿岸、四国、九州などの年平均気温が15～18℃の暖地といえる。この地域では8～9月

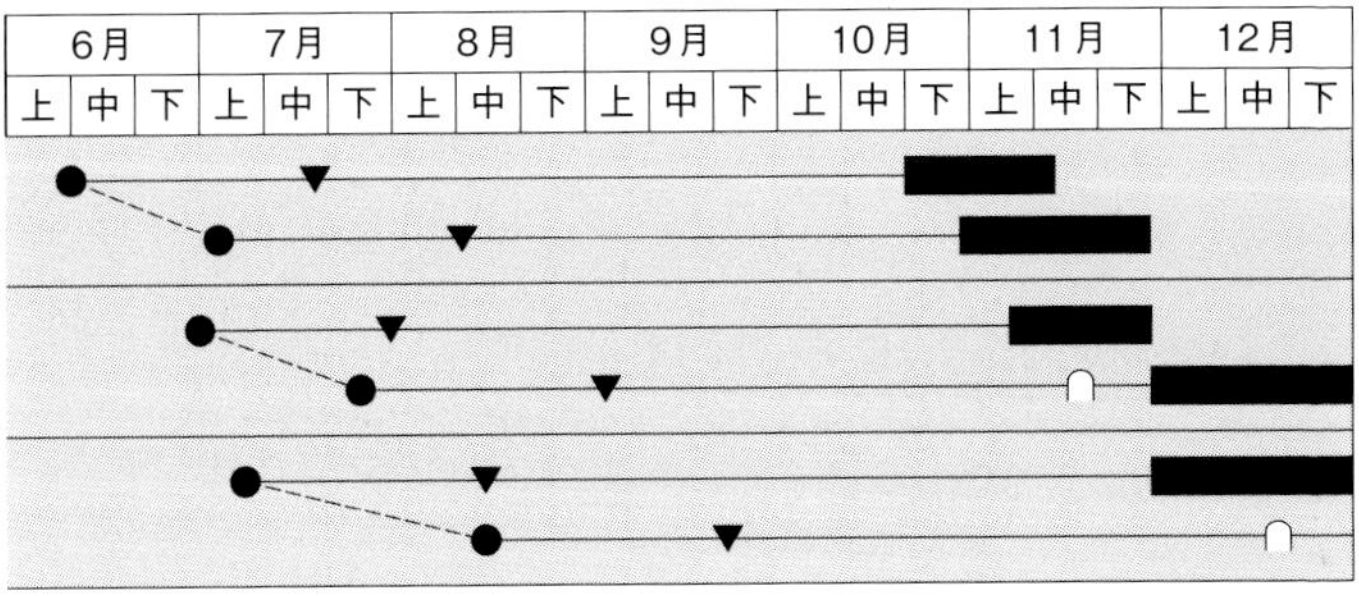


冷涼・山間地：12℃未満，温暖・平坦地：12～15℃，暖地：15～18℃

播種による12～3月収穫が可能である。

つづく適地は、関東、東海、北陸以西の年平均気温が12～15℃の温暖地といえる。ただし、この地域で厳寒期には保温施設が必要になる。

北海道、東北地方、本州高冷地などの年平均気温12℃以下の寒地、寒冷地では、夏季冷涼な気象を活用して7月播種による11～12月収穫の作型となる。1～3月に収穫するためには保温・暖房施設が必要になる。

なお現在、フェンネルの大きな産地はないが、夏は長野、冬は愛知、春は千葉を中心に産地が形成され、このほかに静岡県、山形県、宮城県、埼玉県、岡山県、福岡県などで栽培されているようである。

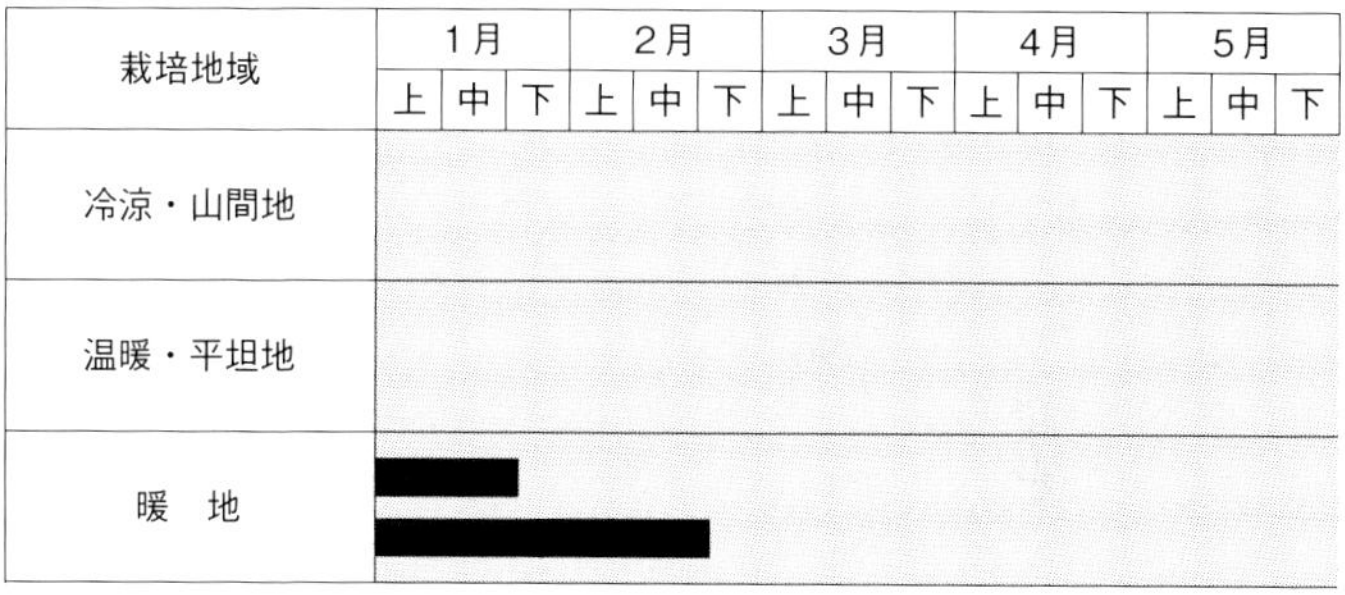


●播種，▼定植，∩トンネル被覆，■収穫　　栽培地域は年平均気温による。

図3－3　フェンネルの栽培暦（夏まき栽培）

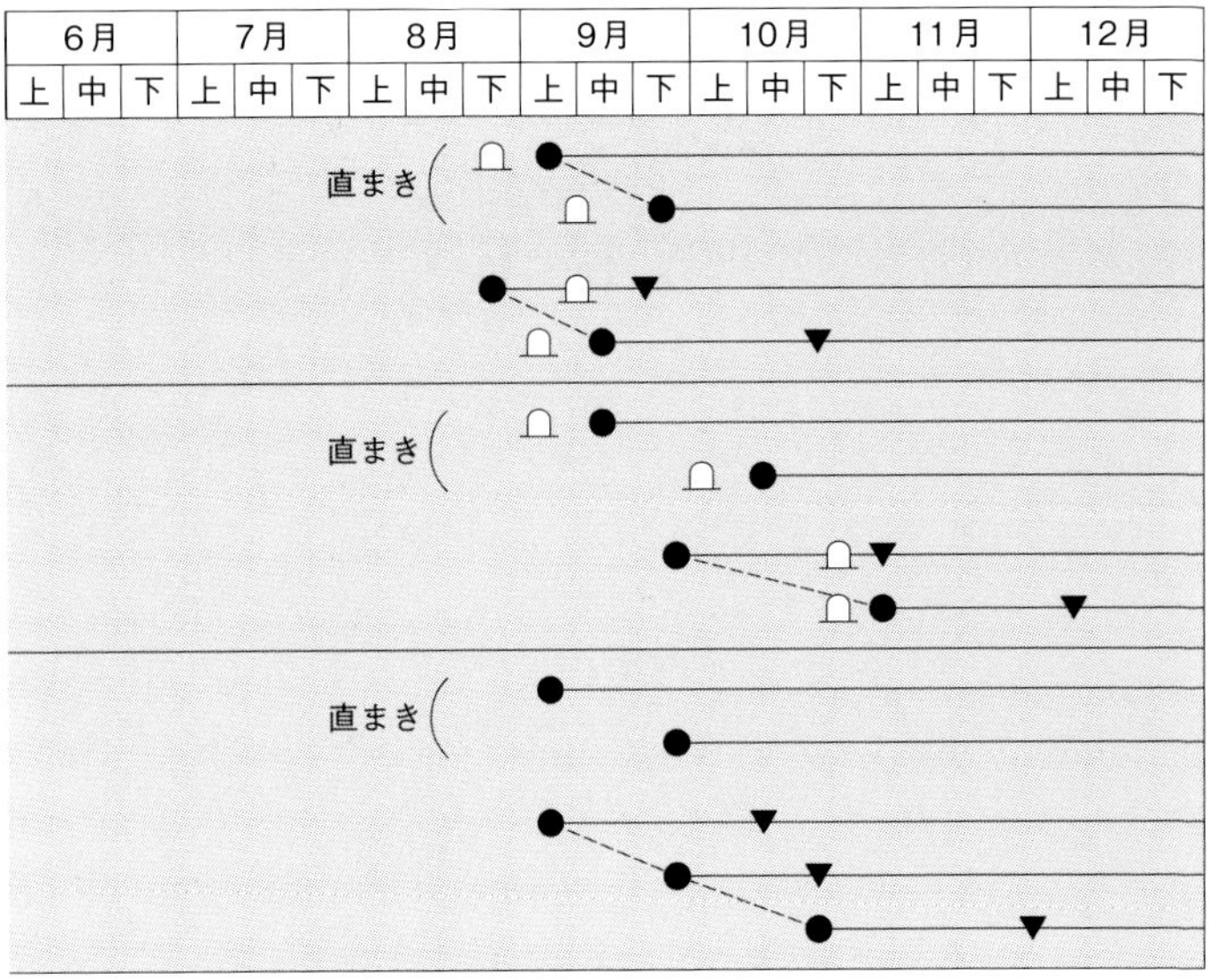
6月 7月 8月 9月 10月 11月 12月
上 中 下 上 中 下 上 中 下 上 中 下 上 中 下 上 中 下 上 中 下
直まき
直まき
直まき

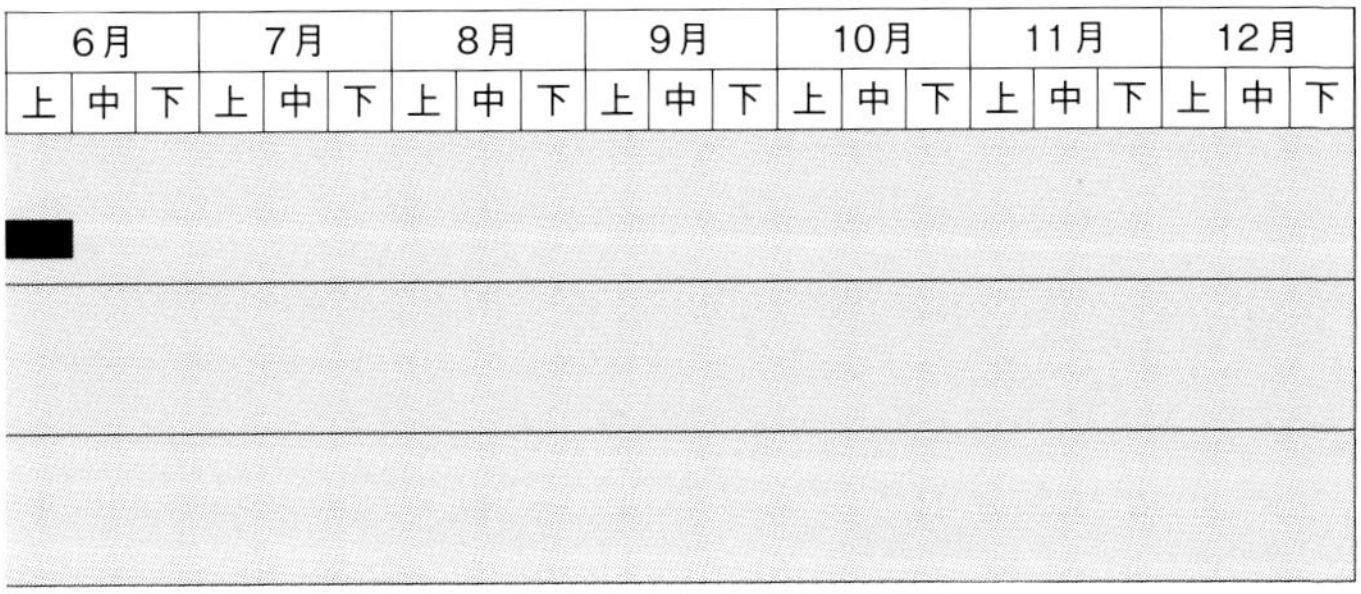
6月 7月 8月 9月 10月 11月 12月
上 中 下 上 中 下 上 中 下 上 中 下 上 中 下 上 中 下 上 中 下

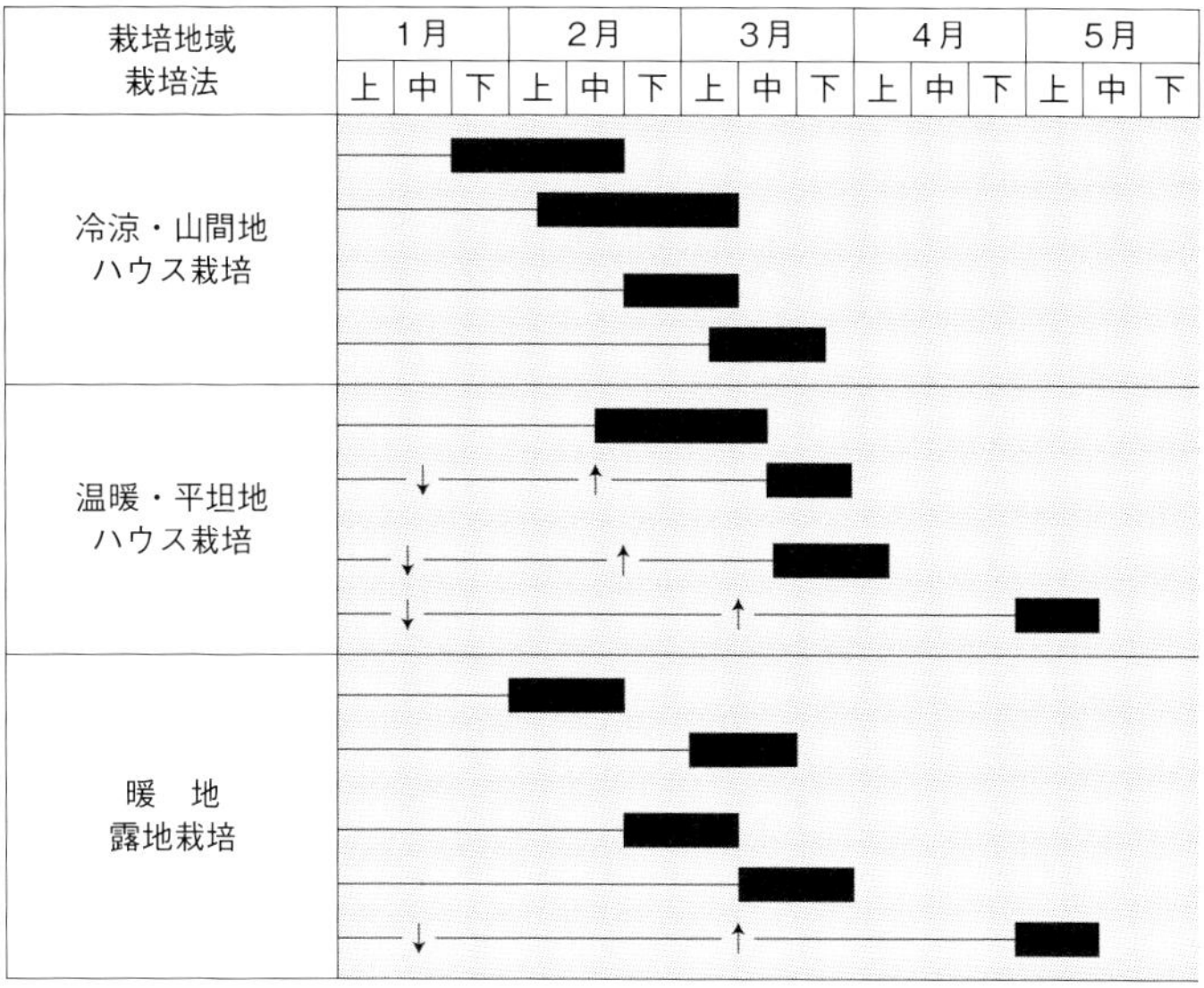


●播種，ハウス，▼定植，↓短日処理開始，↑短日処理終了，■収穫

図3−4　フェンネルの栽培暦（秋まき栽培）

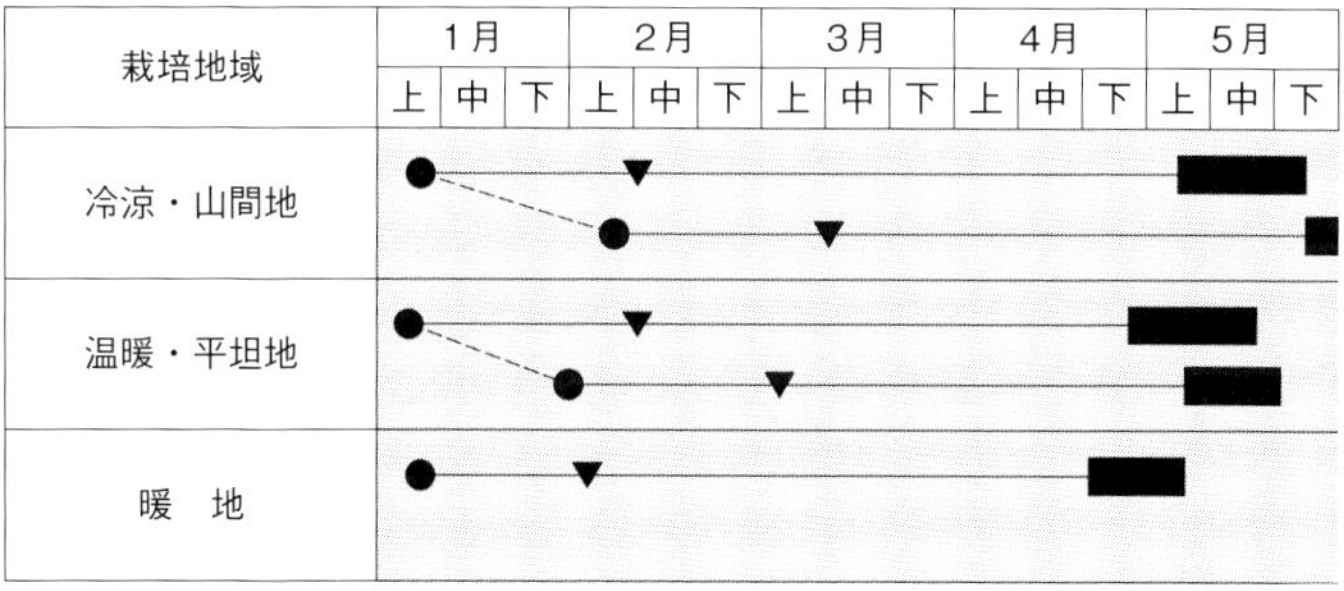


●播種，▼定植，■収穫

図3−5　フェンネルの栽培暦（冬まき栽培）

## ❹ 葉先枯れ・裂球・ス入りを防ぐには

### 葉先枯れ——多肥や乾燥に注意

フェンネルには結球期以前と結球期に発生して球の肥大に影響する生理障害がいくつかある。茎葉を充実させたい時期に発生するのが葉先枯れである。心葉が出る頃に心葉の先端が黒褐色に壊死する症状で、チップバーン、心枯れとも呼ばれ、一般にカルシウム欠乏とされている。生育中に改善されず、症状が治まらない場合には球の肥大が阻害されることもある。

発生を防ぐためには、適度に石灰を施用し土壌を著しい酸性にしないこと、元肥などの施肥量（とくにチッソ肥料）を多く施用しないこと、土壌を著しく乾燥させないことである。葉面散布剤の有機酸カルシウムまたは塩化カルシウムを葉面散布してもよい。また、移植栽培で葉先枯れの発生が多ければ、より根の活力が高い直まき栽培に変更してもよい（直まきについては71ページ参照）。

### 裂球——結球最盛期を過ぎたら灌水を控える

フェンネルは生育中に乾燥が続くと球が筋っぽくなるので乾燥に注意しなければいけないが、結球最盛期以降に、乾燥後多量の灌水をすると裂球しやすい（写真3－2）。結球部のりん片が茎から離脱するとか、りん片が葉脈に沿ってタテ割れを起こす現象である。裂球は、球の肥大期に入り、緩慢な肥大生長をしていたものが急激な肥大生長に切り替わった場合に起こる。

このため、結球開始期から結球最盛期までは土壌を乾燥させないよう土壌水分をやや多めに保って葉身の旺盛な生長を促すが、結球最盛期を過ぎたら収穫期までは灌水を控え、土壌を乾かしぎみにして緩慢な生長にする。

ちなみに、冒頭で紹介した山本嘉明さんも、作型を問わず、結球最盛期以降に灌水量が多いと裂球しやすいと感じているので、結球初期までは多めの灌水にするが、結球最盛期以降は灌水を次第に控えるように努めている。

写真3－2　左が裂球株

### ス入り――収穫遅れに注意

また、ス入りも球の品質を落とす。結球部のりん片葉内部にスが入る現象で、外観的には葉肉内が白く見える。スは細胞内に気泡が現れ、それが組織内で次第に増加して不規則な空隙となった老化現象のひとつである。結球部のりん片肥大に見合うだけの光合成産物がりん片葉に転流していないため

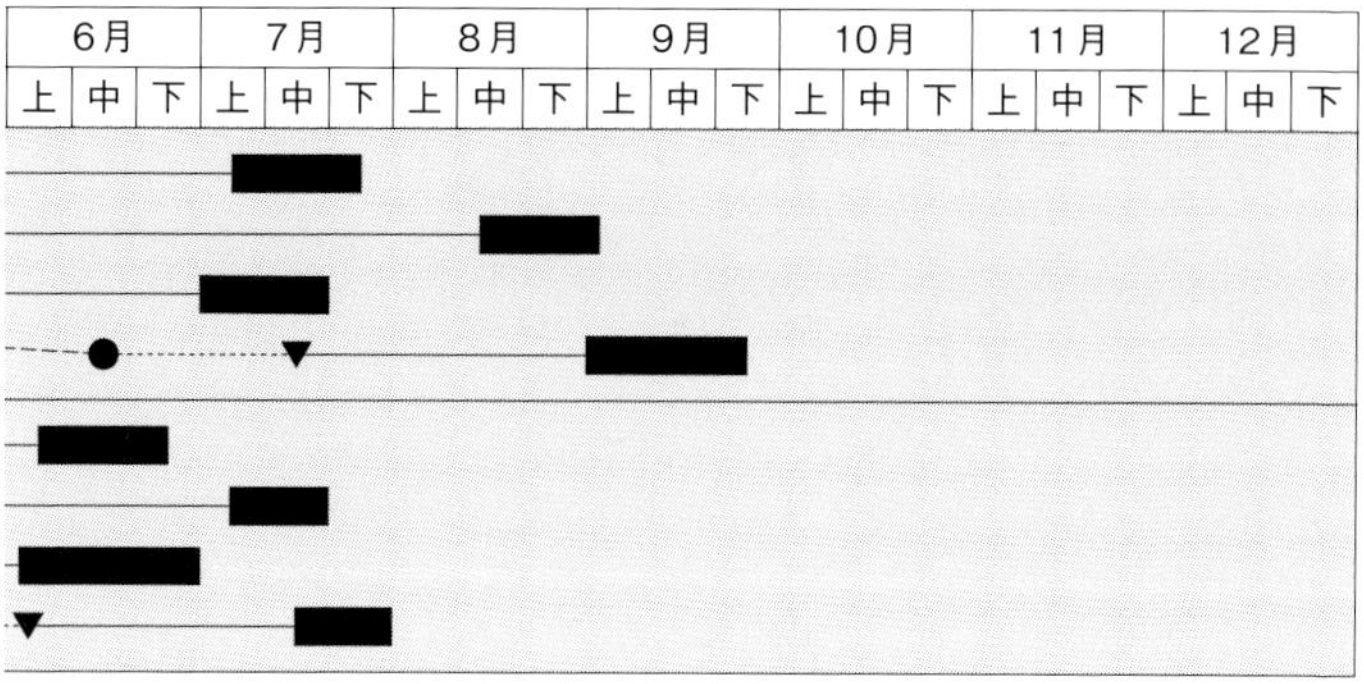


に発生する。

このため、生育後半まで株が老化しないよう適度な土壌水分を保持し、チッソ、カリ、苦土（マグネシウム）などの肥料が不足しないようにし、収穫が遅れないようにする。

## 5 品種の利用

### 短期勝負なら早生種、長期栽培で大球ねらうなら中生種

現在、わが国で品種登録されたフェンネルの品種はみられない。ただし、トキタ種苗によって育成された品種がいくつかある。このうち〝スティッキオ〟は結球部が縦に細長く肥大し、生長が早い（写真3－3）。密植して短期栽培で周年収穫することができ、食感の柔らかいスティック状のフェンネルが手軽に楽しめる。また、トキタ種苗には、早生品種として〝TSGI－2015〟（写真3－4）、

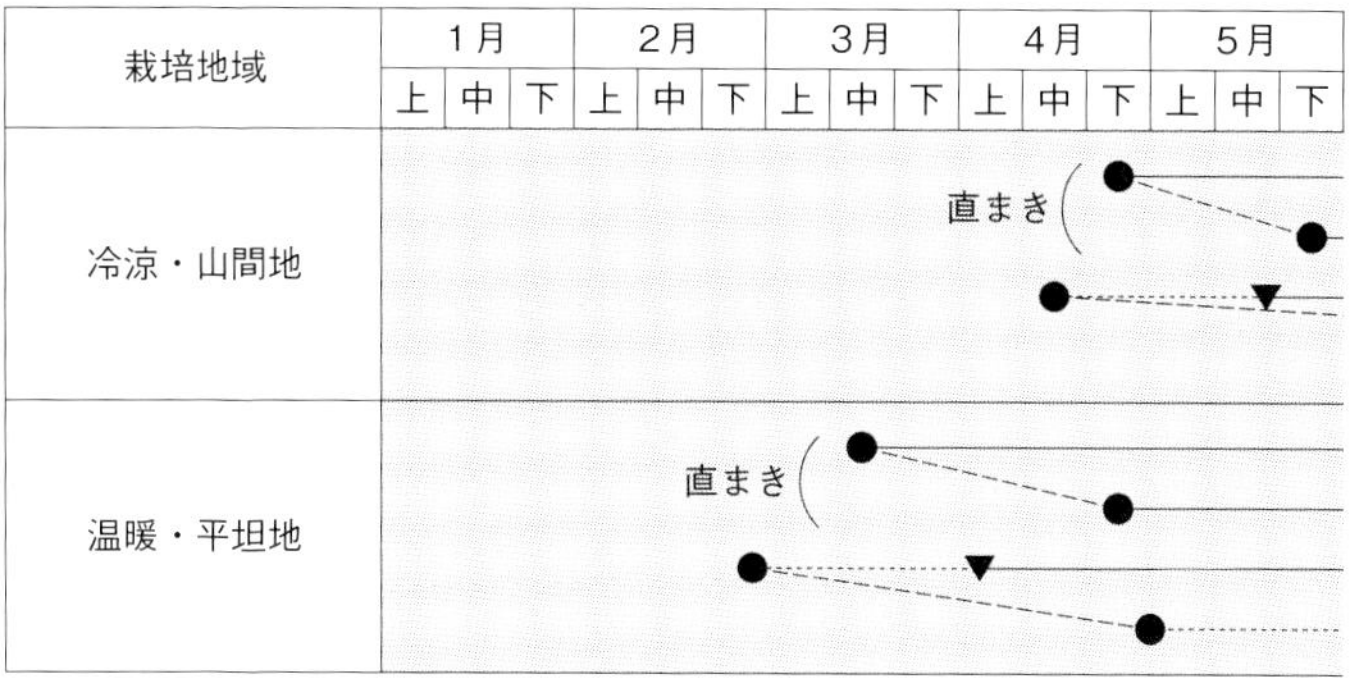


●播種，▼定植，■収穫

図3−6　フェンネルの栽培暦（春まき栽培）

写真3−5
ナポリ（トキタ種苗）
定植後70日で300～500gになる

写真3−4
TSGI−2015（トキタ種苗）
定植後50日で収穫できる小型フェンネル

写真3−3
スティッキオ（トキタ種苗）
播種後50～60日で収穫できるスティックタイプ

写真3−6
TSGI−2018
（トキタ種苗）
定植後70日で300～500gになる。肥大がよく，形もよい

表3－4　本書掲載のフェンネル種子取扱業者問い合わせ先

| 商品名または品種名 | 種苗メーカー | 電話 | ファックス |
|---|---|---|---|
| フローレンスフェンネル | タキイ種苗<br>通販係 | 075-365-0140 | 075-344-6707 |
| フェンネル | サカタのタネ<br>直売部通信販売課 | 0570-00-8716<br>（ナビダイヤル） | 0120-39-8716 |
| スティッキオ，TSGI-2015，<br>ナポリ，TSGI-2018 | トキタ種苗 | 048-685-3190 | 048-684-5042 |
| フェンネル・<br>MANTOVANOなど | ナチュラル・<br>ハーベスト | 03-6912-6330 | 03-6912-6331 |

中早生品種として〝ナポリ〟（写真3－5）〝TSGI－2018〟（写真3－6）がある。早生品種のTSGI－2015は定植後50日で100～200gに達して収穫適期を迎えるのでトウ立ちしにくく、春まき栽培によい（栽培暦は図3－6）。中早生品種のナポリ、TSGI－2018は定植後70日で300～500gに達して収穫適期を迎えるので冬まき栽培、秋まき栽培によい。

また、サカタのタネ、タキイ種苗などの種苗会社では定植後100～120日で500～700gに達して収穫適期を迎える中生品種を販売している。冒頭で紹介した山本さんたちはどちらもこの中生品種を毎年利用している。

したがって、今のところ、長期栽培で大球をねらう場合は、種苗業者が販売している中生品種を直接利用するか、あるいはその中生品種を栽培して母本選抜と採種を行なって利用する。筆者である冒頭16ページの藤原稔司さんは母本選抜して採種している（自家採種については76ページ）。

第4章

# フェンネルの育て方の実際

# 1 夏まき栽培

### (1) 圃場の準備

圃場は耕土が深く、保水、排水ともによく、腐植に富む場所がよい。土壌酸度pH６・０以下の場合は石灰を施して矯正しておく。また圃場に腐植含量が少ない場合は熟成堆肥を３００kg／a程度施す。

### (2) 高温対策が必要な育苗

種子は１a当たり25mℓ用意する。苗立枯病予防のために種子重量の０・４～０・５％のベンレートT水和剤、または０・２～０・４％のオーソサイド水和剤80で種子を粉衣して播種する。

**播種床**　播種床には、底に十分な排水孔を設けて水はけをよくした深さ８～10cmの平箱を使う。これに通気性、排水性に優れ、肥料成分が少なめで苗

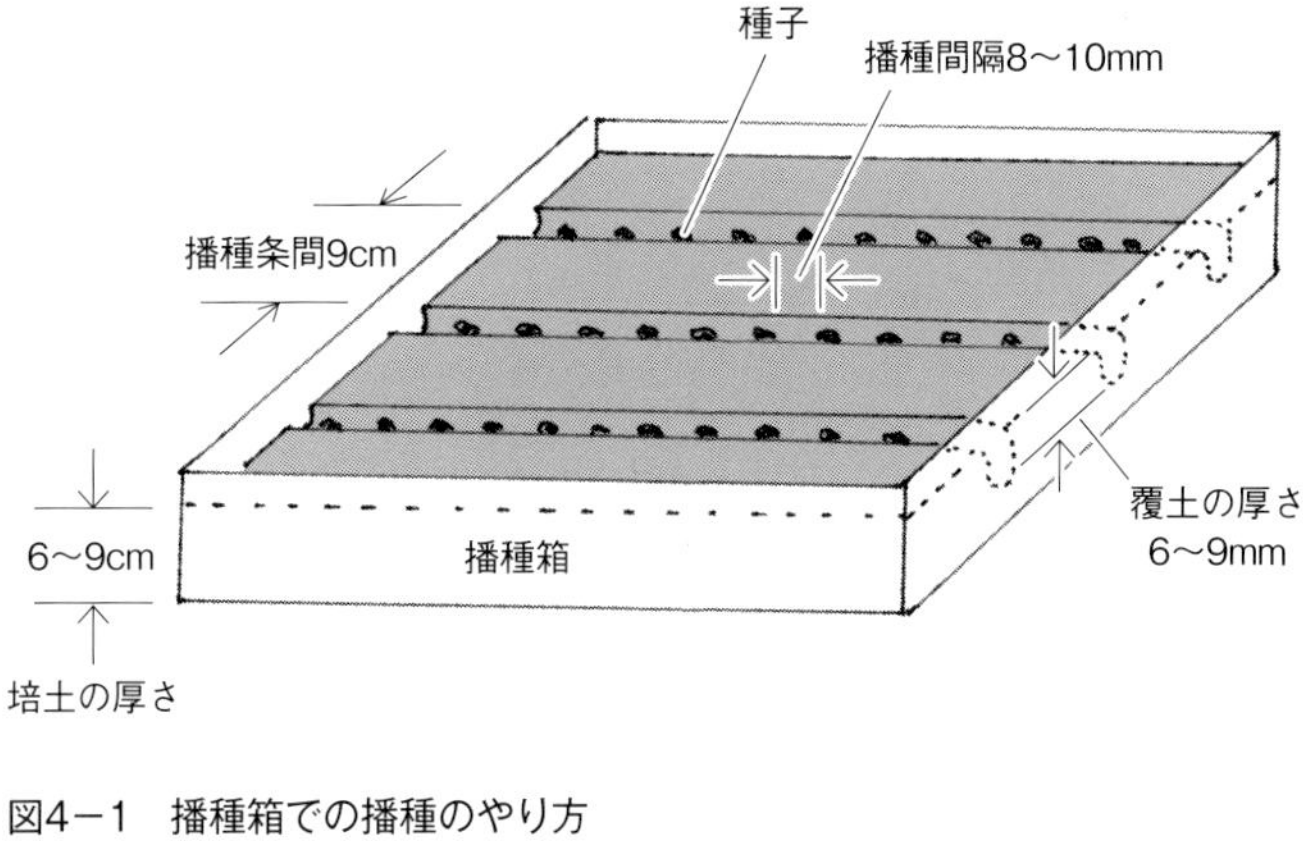


図4－1　播種箱での播種のやり方

立枯病菌などの病原菌のいない種まき培土を6〜9cmの厚さに詰める（図4―1）。種まき培土は市販培土でよいが、高温時なので肥料成分量の少なめの培土を利用するのがよい。肥料成分の多い培土を利用する場合には、パーライト、バーミキュライトなどの肥料成分のきわめて少ない培土を3分の1程度混用する。

夏まきは高温に過ぎることが多いので、播種床は通風のよい涼しい場所に設置し、白色・黒色・シルバーいずれかの寒冷紗などを利用して、水平張り、またはトンネル被覆し、できるだけ涼しくしておく（図4―2）。

播種は、条間9cm、種子間隔8〜10mm程度の条まきとする。6〜9mm覆土したのち十分灌水する。高温と乾燥を防ぐために新聞紙などで日覆いをする。播種後5日程度で出芽開始となるので新聞紙などの

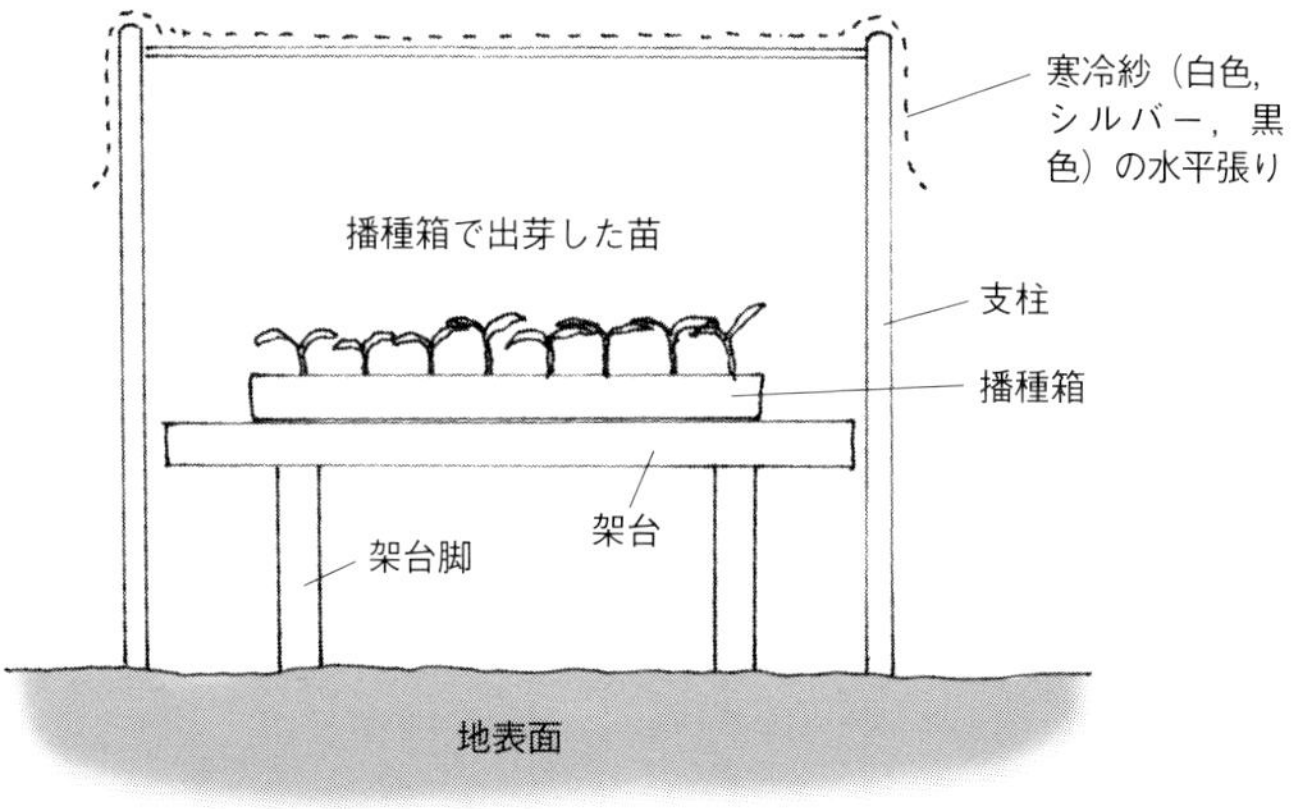


図4―2　寒冷紗などの通気性資材の水平張りによる遮光

覆いを早めに除く。覆いを取り除くのが遅れると苗が徒長するので注意する。

高温時の播種になるので出芽（種子から幼根が出るのが「発芽」、その後胚軸・子葉が地上に現れるのが「出芽」）しにくく、出芽しても種皮かぶりの個体が発生しやすい（図4―3）。種皮かぶりは古種子であるとか、採種時の不良環境により種子自体の発芽能力が弱いとか、覆土が浅いとかの原因により発生しやすい。覆土後に軽く鎮圧することでいくぶん軽減できるが、基本的な対策にはなりにくい。そこで、種皮かぶりが発生したら出芽個体から種皮をていねいに除去する。種皮かぶりを除去しないで放置すると、その個体は生育が遅れる。

出芽揃い後、出芽個体が1cm間隔になるように、密生部は早めに間引き、通風や採光をよくする。

出芽後も高温が続くと徒長苗になりやすく、苗が徒長すると苗立枯病にかかりやすくなり（図4―4）、また高温強日射に直面すると胚軸が障害を受け、枯死する。

**移植床**　育苗培土も種まき培土とほぼ同様な床土でよいが、腐植や肥料成分量がやや多めの床土を使う。山砂や山土などの肥料成分の少ない土を用いる場合は、熟成堆肥のほか培土100ℓ当たりチッソ8g、リン酸20g、カリ6g、石灰100g程度施す。育苗培土を2・5～3号（直径7・5～9cm）の育苗ポットに詰めておく。

移植時も高温であれば、寒冷紗などで遮光しておく。本葉が1・5～2枚に生育したら午後の涼しい時刻にポットへ移植する（図4―5）。移植後、十分灌水する。

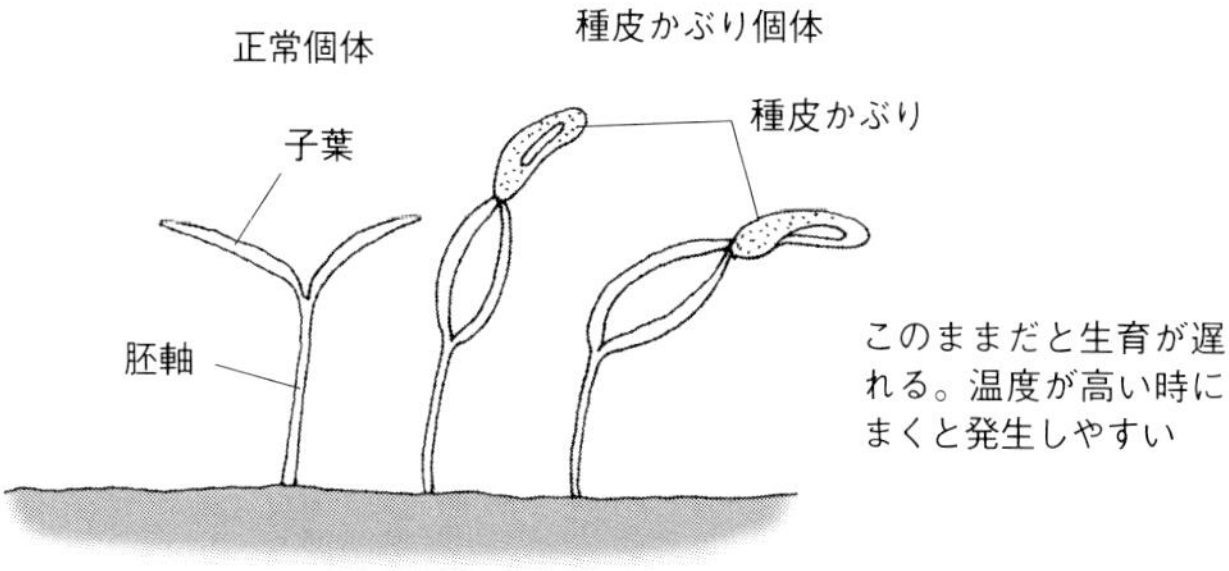


図4−3 種皮かぶり

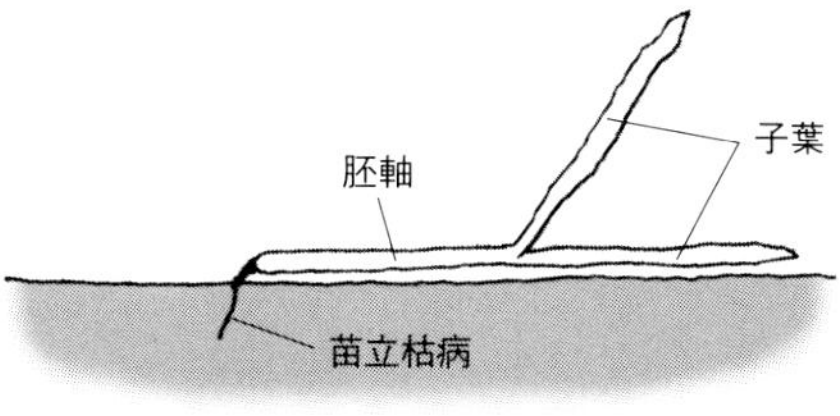


図4−4 苗立枯病で胚軸の地際がくびれた様子

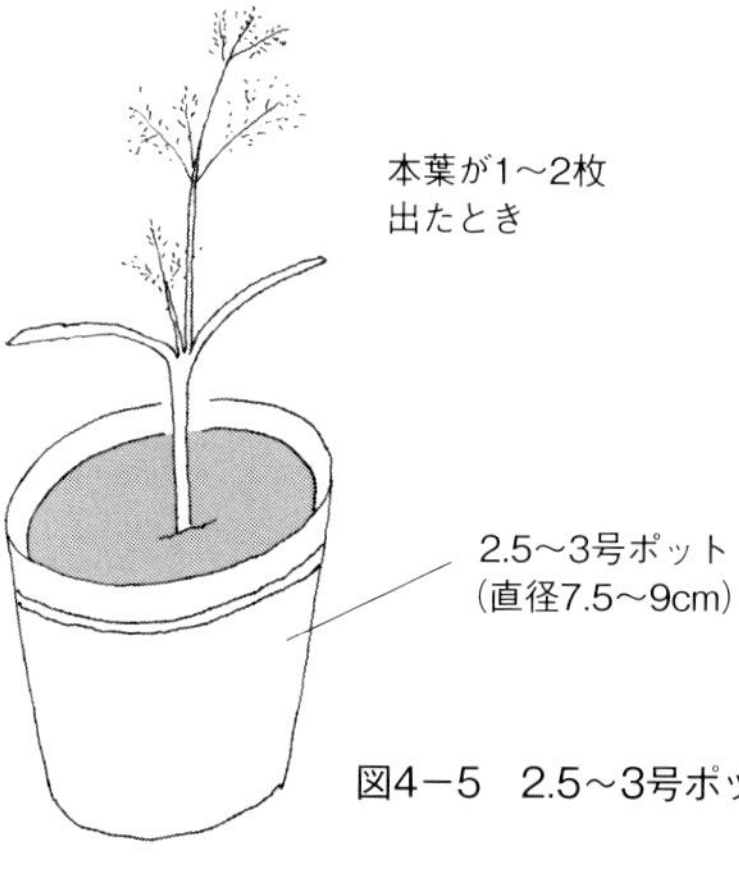


図4−5 2.5〜3号ポットへの移植

表4－1　夏まき栽培の施肥例（1a当たり）

| 肥料成分 | 元肥(kg) | 追肥(kg) 1 | 追肥(kg) 2 | 総量(kg) | 備考 |
|---|---|---|---|---|---|
| チッソ | 2 | 0.5 | 0.5 | 3 | 追肥1は定植後20日頃（第1回目土寄せ時）。追肥2は定植後40～50日頃（第2回土寄せ時） |
| リン酸 | 2 | 0 | 0 | 2 | |
| カリ | 1.5 | 0.5 | 0.5 | 2.5 | |

注　火山灰土壌ではリン酸が吸収されにくいのでリン酸を50％程度増量する

定植が近づく頃になると肥料切れを起こすことがあるので、その場合は液肥の500～600倍液を施用する。

### (3)元肥施用とうね立て

播種または定植の1カ月前に堆肥や石灰を施してよく耕起しておき、数日前に緩効性肥料を主体とした元肥を施して耕うん、砕土する。元肥施用量は1a当たりチッソ2kg、リン酸2kg、カリ1・5kgくらいで、被覆肥料、IB化成、CDU化成などの緩効性肥料を主体に施用する（表4－1）。ただし、火山灰土などリン酸が不足しやすい土壌ではリン酸を50％くらい増施する。

うね幅は、1条植えの場合は75cm、2条植えの場合は150cmとする。排水良好な圃場では平うねでよいが、排水のやや劣る圃場では高うねとする。

### (4)定植

風の強くない日で、日射しの弱くなった午後に本葉5～6枚の苗を25～30cm間隔に定植する。定植前日または定植当日の早朝に苗に十分灌水しておく。葉は左右に一枚ずつ互い違いに出る（1／2開度）ので、うね方

（うねを斜めから見たところ）

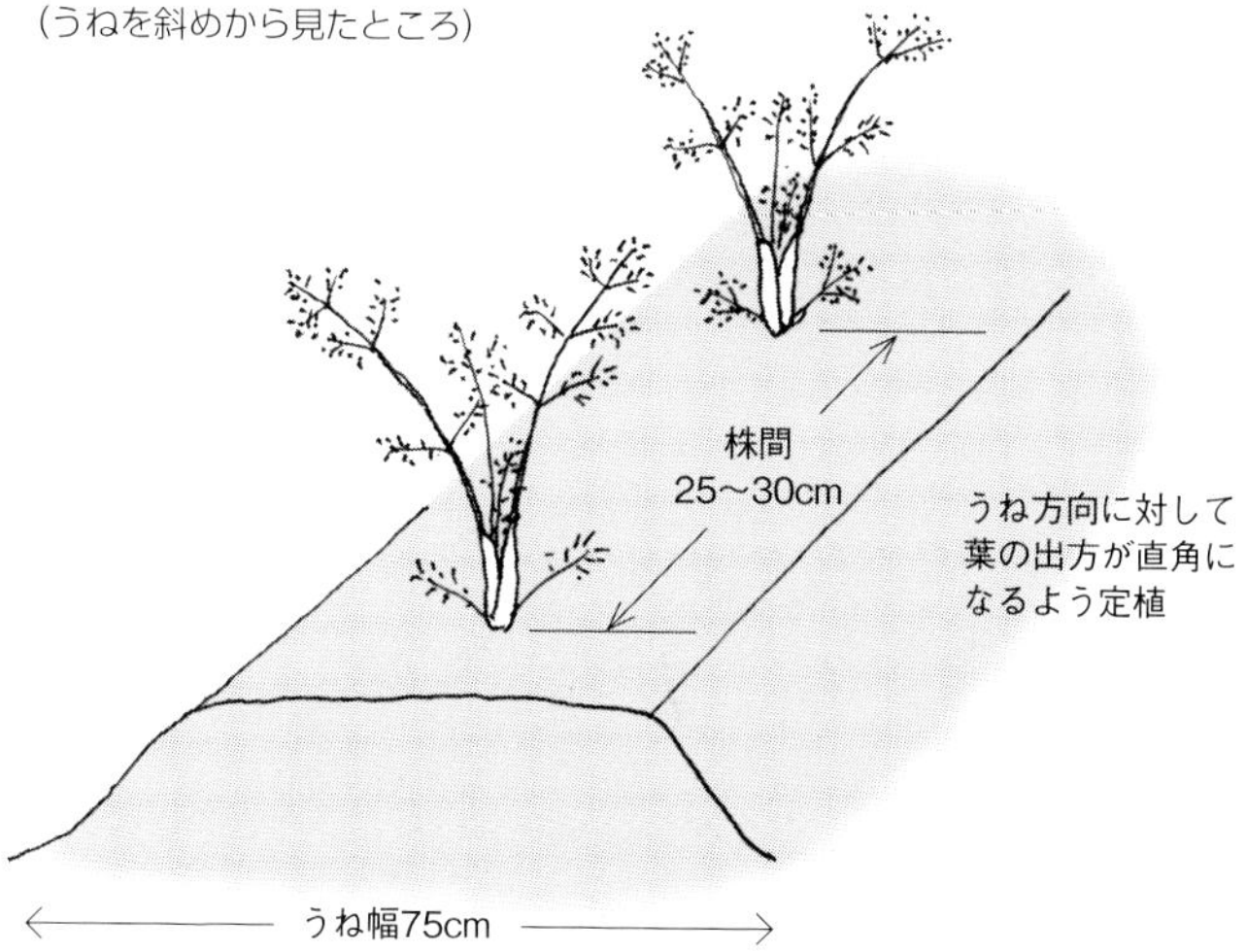


（うねを横から見たところ）

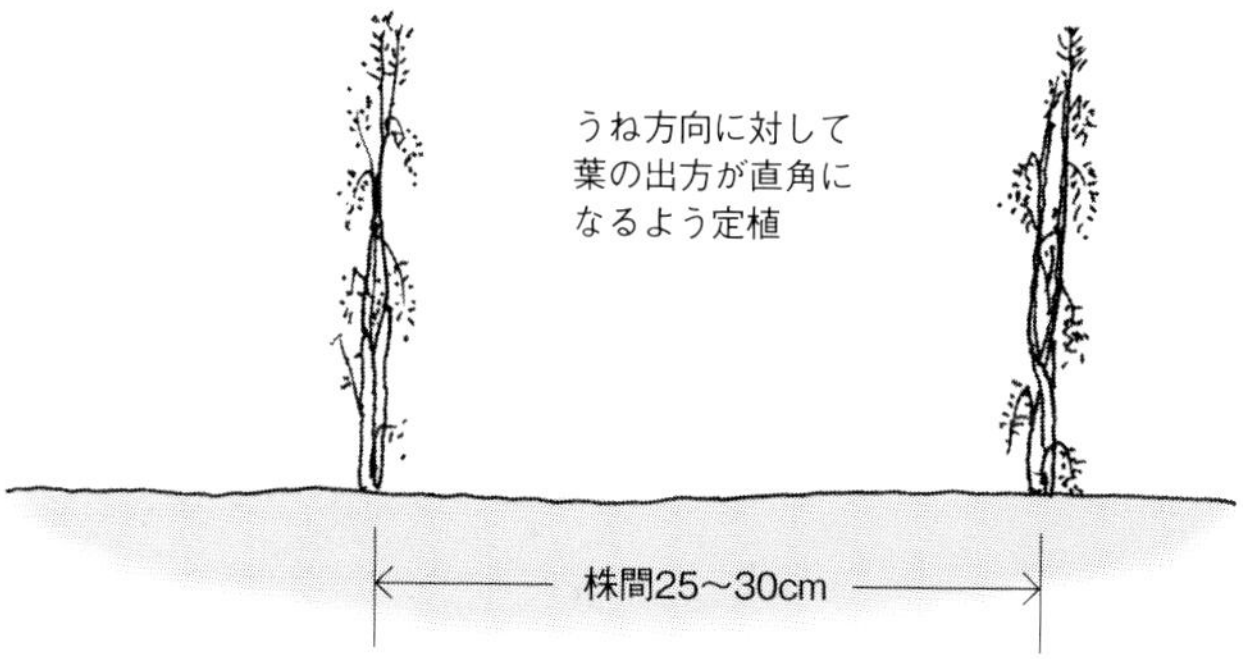


図4−6 定植のやり方

向に対して直角に出葉するように植える（図4―6）。定植後、十分灌水する。

### (5)追肥はチッソとカリを主体に

結球中期まで、すなわち生育前半までにできるだけ茎葉を大きく育て、株の充実を図っておく必要がある。そのために中耕・土寄せ前、すなわち定植後約20日目と40日目に1a当たりチッソ1～1・4kg、カリ1～1・4kgを定植後それぞれ半量ずつ施す。

### (6)土寄せはひんぱんに

葉が生長し、50cm以上にもなると倒伏しやすくなり、倒伏したままでは変形球になりやすい。また、肥大を開始した部分は凍霜害に弱いので、降霜期に結球部が露出していると凍害を受けやすい。そのため、追肥後、中耕して心葉近くまで土寄せをしておく（図4―7、4―8、写真4―1）。

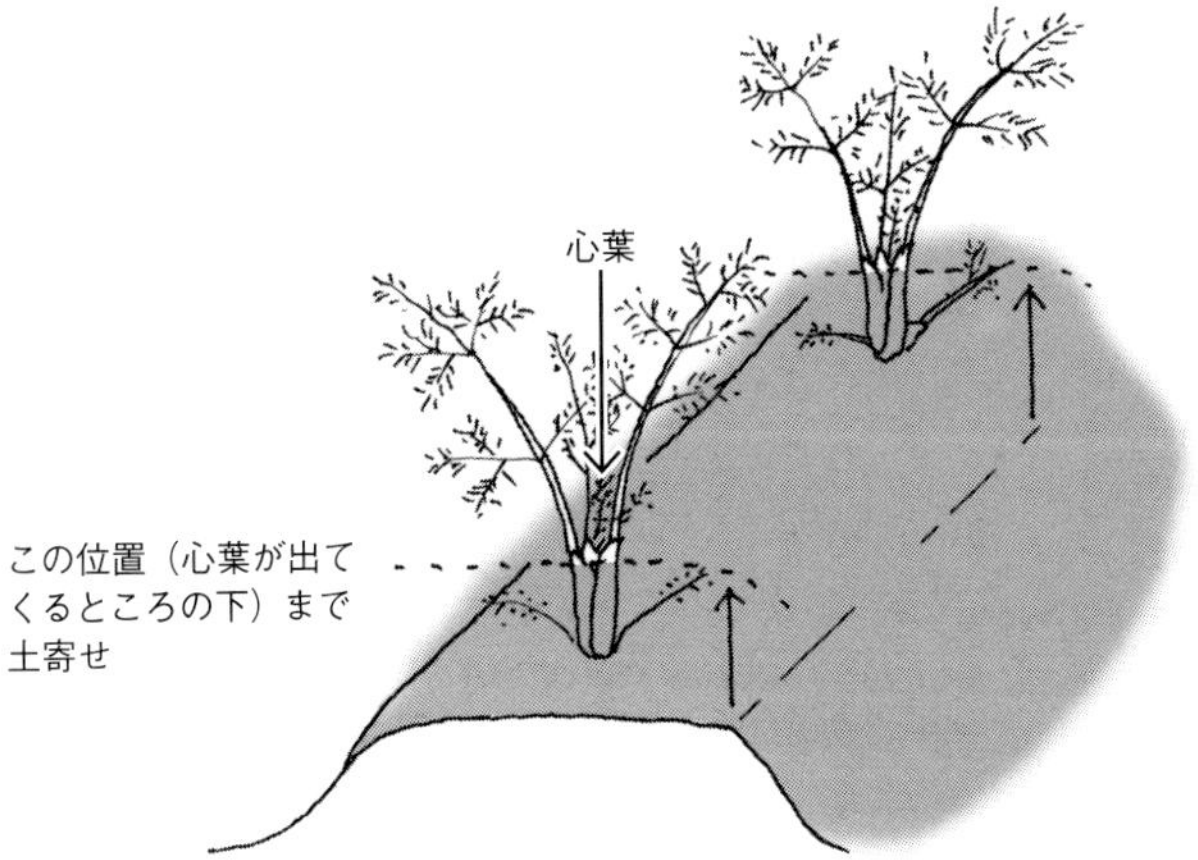


図4―7　第1～2回目の土寄せ

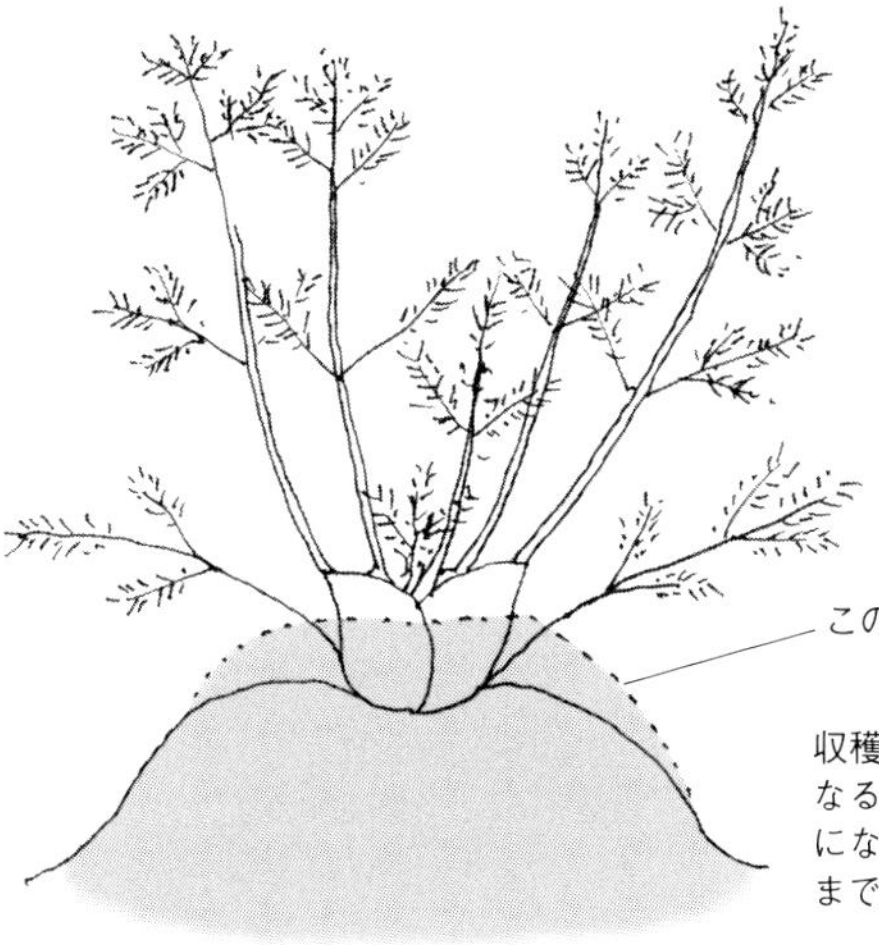
この位置まで土寄せ
収穫物に土が入った状態になるので，襟が重なるようになっている襟首のところまで土を入れてはいけない

図4−8　第2〜3回目の土寄せ

写真4−1　凍害から守る土寄せ

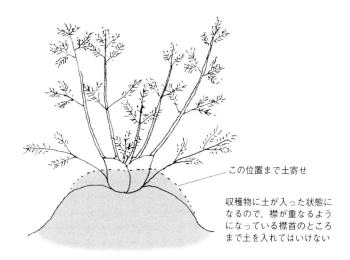

### (7)灌水は生育前半を主体に

フェンネルは土壌の乾燥に比較的強いが、生育中に乾燥が続くと株の発育が劣り、球も筋っぽくなる。よって適度な降雨がない場合はスプリンクラー灌水、うね間灌水などにより1回当たり20㎜（20ℓ／$m^2$）程度を約7日間隔に灌水する。しかし結球中期以後に土壌が著しく乾燥した状態で一度に多量灌水をすると裂球（55ページ写真3－2）するので過乾過湿にならないよう注意する。

### (8)寒害防止

結球開始後、氷点下になると凍霜害を受けるので、プラスチックフィルム、不織布、寒冷紗など保温資材をトンネル被覆するか、あるいは不織布、寒冷紗など通気性の高い資材を葉の上から直がけし、寒害から保護する。また、株元の結球部は、とくに凍霜害を受けやすいので株元へ多めのわらなどを敷き詰め、保温に努める。

### (9)収穫および調製・出荷

よく肥大した球は500g以上にもなるが、収穫期が遅れると裂球したり、球にスが入ったりするので、収穫適期を逃さないよう注意する。収穫は葉身の枚数を十分付けて地際から茎を切り取る。

収穫した株は、傷んだ外葉、老化葉やスの入った外葉を除去し、結球部の葉身を30～40㎝付け、その上の葉身を切断したのち、段ボール箱に結球部を交互に詰めるなどして出荷する。

## ❷ 秋まき栽培

### (1) 圃場の準備では堆肥が不足しないように

排水良好で灌水の便利な圃場を選ぶ。生育期間が比較的長いので、熟成堆肥を３００kg／a程度施用する。熟成堆肥が入手できない場合は種子形成のないイネ科雑草や稲わらを２００kg／a程度、乾燥・裁断して施用してもよい。

また、フェンネルは菌核病にかかりやすいので、連作を避けるとともに、トリコデルマ菌入りの資材を25kg／a施用するのもよい（トリコデルマ菌入り資材は82ページ）。

### (2) 育苗

種子を１a当たり25mℓ用意し、ベンレートT水和剤で粉衣して播種する。床土は市販の種まき培土や育苗培土でよい。自家製であれば無病の山土または田土１００ℓ当たりチッソ15g、リン酸50g、カリ８g、石灰１００g程度、それに熟成堆肥６kgほどを施して作成する。

播種床は、深さ10cmほどのトロ箱などの平箱に種まき培土を入れて条間９cm、種子間隔８～10mmとして条まきし、６～９mmほど覆土する（60ページ図４―１）。覆土後、十分灌水して出芽するまで播種床が乾燥しないように新聞紙などで覆う。播種後５～６日で出芽を開始するので、速やかに新聞紙を除去する。

出芽揃い後、1cm間隔になるように密生部を間引く。本葉1〜2枚時に2・5〜3号（直径7・5〜9cm）ポットに移植する（63ページ図4―5）。定植が近づく頃には肥料切れして葉色が淡くなることがあるので、その場合は液肥400〜500倍液を灌注する。

### (3)元肥施用は前作の残存肥料を知ったうえで

土壌酸度がpH6・2くらいになるように石灰を施用（苦土炭酸石灰などでは5〜10kg／a施用）し、堆肥も1a当たり300kg程度は施用する。元肥は1a当たりチッソ2kg、リン酸2kg、カリ1・5kg程度を基準とする（表4―2）。

ハウス栽培では被覆フィルムを除去しない限り肥料の流亡がないことから、前作の肥料が残っている場合が多いので、元肥量は露地栽培よりも少なくする（表4―3）。残存肥料の濃度は電気伝導度（EC）を測定して推定する。ECが0・9mS／cm以上あれば、肥料濃度は顕著に多いことを示すことから、元肥を施用せずにスタートして生育中に追肥で調整する。ECが0・8〜0・5mS／cmであれば20〜30％の減肥、ECが0・4mS／cm以下であれば基準量の施肥とする。

元肥施用後、土壌と十分混和して通路を含めて約150cm幅のうねをつくる。降雨後の排水の劣る圃場では高うねとする。

ちなみに、冒頭で紹介した山本嘉明さんは、これまで長年にわたる野菜・花のハウス栽培で肥料の

表4−2　秋まき露地栽培の施肥例（1a当たり）

| 肥料成分 | 元肥 (kg) | 追肥（kg） | | | 総量 (kg) | 備考 |
|---|---|---|---|---|---|---|
| | | 1 | 2 | 3 | | |
| チッソ<br>リン酸<br>カリ | 2<br>2<br>1.5 | 0.5<br>0<br>0.5 | 0.5<br>0<br>0.5 | 0.4<br>0<br>0.4 | 3.4<br>2<br>2.9 | 追肥１は定植後20日頃（第１回目土寄せ時）。追肥２は定植後40～50日頃（第２回土寄せ時）。追肥３は定植後70日頃（第３回土寄せ時） |

注　火山灰土壌ではリン酸が吸収されにくいのでリン酸を50％程度増量する

表4−3　秋まきハウス栽培の施肥例（1a当たり）

| 肥料成分 | 元肥 (kg) | 追肥（kg） | | | 総量 (kg) | 備考 |
|---|---|---|---|---|---|---|
| | | 1 | 2 | 3 | | |
| チッソ<br>リン酸<br>カリ | 1<br>1.5<br>1 | 0.5<br>0<br>0.5 | 0.5<br>0<br>0.5 | 0.5<br>0<br>0.5 | 2.5<br>1.5<br>2.5 | 追肥１は定植後20日頃（第１回目土寄せ時）。追肥２は定植後40～50日頃（第２回土寄せ時）。追肥３は定植後70日頃（第３回土寄せ時） |

注　火山灰土壌ではリン酸が吸収されにくいのでリン酸を50％程度増量する

集積があるので元肥を施用せず、生育状況を観察して追肥で対応している。

### (4) 直まき栽培の要点

夏まき栽培では苗立枯病が出やすいので直まきは不向きであるが、苗立枯病が出にくい秋まき栽培なら直まきができる。直まき栽培は移植栽培よりも生育が速く、根群もよく発達して良球の生産率が高い。１a当たり播種量は約１５０mℓである。元肥は緩効性肥料を使い、１a当たりチッソ１・５kg、リン酸２kg、カリ１・２kg程度施用する（表４−４）。

地ごしらえは移植栽培に準ずるが、砕土はできるだけていねいに行なう。うね幅は１条で75～80cm、２条抱きう

表4－4　秋まき露地直まき栽培の施肥例（1a当たり）

| 肥料成分 | 元肥（kg） | 追肥（kg） | | | 総量（kg） | 備考 |
|---|---|---|---|---|---|---|
| | | 1 | 2 | 3 | | |
| チッソ | 1.5 | 0.5 | 0.5 | 0.5 | 3 | 追肥1は定植後20日頃（第1回目土寄せ時）。追肥2は定植後40～50日頃（第2回土寄せ時）。追肥3は定植後80日頃（第3回土寄せ時） |
| リン酸 | 2 | 0 | 0 | 0 | 2 | |
| カリ | 1.2 | 0.5 | 0.5 | 0.5 | 2.7 | |

注　火山灰土壌ではリン酸が吸収されにくいのでリン酸を50％程度増量する

ねで1・5～1・6m、株間は25cm程度とし、播種の深さ8mm程度とし、1カ所6粒ずつ点播する。播種後、土壌が乾燥しないよう水やりを行ない、乾燥防止のために通気性のある不織布を被覆する。出芽後、苗が徒長するようであれば被覆資材を取り除く。間引きは本葉5～6枚までに2～3回行ない、1カ所1株にする。

**(5)定植**

直まきせず定植する場合は、風の強くない日を選び、本葉5～6枚時の苗を、うね方向に対して直角に出葉するように定植する（65ページ図4―6）。株間は25～30cmとする。

**(6)追肥・土寄せ**

結球期前半頃までには茎葉の充実を図るため、定植後20日目と40日目頃に1a当たりチッソ1kg、カリ1kgを各半量ずつ追肥する。また、株が倒伏すると球が変形しやすいので第1回目追肥後、株元に十分土寄せをしておく。

**(7)灌水**

茎葉を大きく育てるために結球期前半頃までは多めの灌水とする

が、結球期後半には次第に少なめの灌水とする。土壌水分が結球期前半に少なめで結球期後半に多めになると裂球しやすくなるので注意する。灌水方法はうね間灌水、チューブによる点滴または散水灌水とする。

### (8) ハウス栽培での温度管理

フェンネルは冷涼な気象を好み、適温は昼間15～22℃、夜間２～15℃くらいと考えられる。したがって、日最低気温が10℃以上であればハウスのフィルムを昼夜開放しておく。外気温が10℃以下に低下するようになれば、夜間の保温に努め、最低気温は２℃を確保する。０℃以下になると凍霜害を受けるので注意する。昼間のハウス内気温は22℃以上になれば換気し、15～22℃に保つ。

### (9) 収穫

大きな球を育てるには、収穫はできるだけ遅いほうがよいが、収穫が著しく遅れると、ス入りや裂球が多くなり、品質が劣るので注意する。

出葉中の葉をすべて付けて株元の茎を切断し、老化葉、肥大した株元のス入り葉、裂けたりん片を除去して残った健全葉の先端付近を切断して出荷箱に詰める。

# 第5章

# フェンネルのタネをとる

前述したように、わが国にはフェンネルの登録品種はない。フェンネルの魅力である大きな球を生育日数をかけて育てるには、種苗業者が販売している中生品種の種子を毎年購入するか、あるいはその中生品種を栽培して母本選抜と採種を自分で行なって利用する。

## 1 気に入ったフェンネルからタネをとる

中生品種の種子をまいて育てたフェンネルの中から気に入った株を選んで、タネをとる方法（優良母本の選抜と選抜株の採種）である。気に入った株を選抜しなければならない煩雑さはあるが、自分の望んだタネがとれる。

現在種苗業者が販売している中生品種の種子には、生育・結球の早い系統や遅い系統、トウ立ちの早い系統や遅い系統、側芽の発生が少なく大球になる系統などがある（写真5―1）。そこで、生育肥大した株の中から目的にかなった株を選抜し、その株については株元を1cm程度の高さで残して肥大部を収穫し、残った株を掘り上げて採種圃場へ植え替える。翌春に株元から萌芽して採種できるので、優良母本選抜に能率的である（図5―1）。

採種圃場では1a当たり熟成堆肥300kg、土壌酸度の適正化のための石灰を施用し、定植の1週間前にチッソ、リン酸、カリをそれぞれ1kg施用して約100cm幅のうねを立てて、選抜母本は株が大きくなりがちなので食用栽培よりも株間を広げて50cm間隔に定植する。

植え替え後、株が活着するまでやや時間がかかるので株の乾燥防止に敷きわらをする。茎が50cm程度に生長したら支柱を立てて、風による倒伏を防ぐ。

写真5－1　結球部が長めで，どちらかというとトウ立ちが早い系統

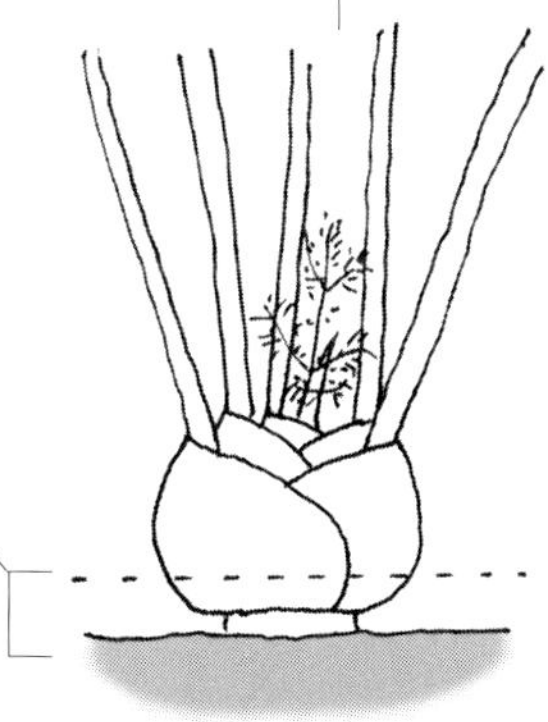


図5－1　気に入ったフェンネルからタネをとるやり方

開花期頃にはキアゲハの幼虫、結実期にはカメムシ類の被害を受けて結実が著しく低下するので注意する（83ページ写真6－2）。

6～8月になると成熟期に入り、果実（種子）や果梗が緑色から黄色に成熟してくるので摘み取り、自然乾燥または通風乾燥した後、脱粒する（写真5－2）。

## 2 タネからまいてタネをとる

気に入った株を選抜してタネがとれたら、それをまいてタネをとって殖やす。タネとり用の栽培（採種栽培）である。大きい球をとる栽培と違って、トウ立ちさせる栽培である。

### (1)播種期

栽培は秋まき、または春まきによる。秋まきは翌年の初夏に開花し、盛夏期に登熟する。春まきは盛夏期に開花し、秋期に登熟する。秋まきは結球後、トウ立ちするので球の肥大

写真5－2
6～8月に成熟した果実（種子）

状態、球形、トウ立ちの遅速をみて優良母本を選抜することができる。

### (2)播種と育苗

採種栽培の秋まきでは気温がいくぶん低下して発芽が優れ、年内に球の品質が判断できる大きさに達するような時期に播種する。春まきでは播種期が低温期に直面するので保温または加温できる苗床に播種する。苗床の温度は15～25℃に保つ。播種に当たり、立枯病予防のためのオーソサイド水和剤80で種子を粉衣しておく。市販の種まき培土のうち、肥料分の少ない培土を選び、排水をよくした播種箱に6～9cmの厚さに入れ、条間9cmにして約8mmの深さに種子間8～10mm間隔に播種し、十分灌水する。灌水後播種床が乾燥しないよう新聞紙で被覆する。播種後5～7日で出芽を始めるので被覆物を早めに除去する。除去が遅れると光線が不足して胚軸が伸びすぎる。

出芽して本葉が出たら1cm間隔になるよう間引く。本葉2枚に生育したら2・5号ポットなどに移植する。育苗中に肥料切れするようであれば液肥などを施用する。

### (3)地ごしらえと定植

採種圃場では1a当たり熟成堆肥300kg、土壌酸度を適正にするための石灰の施用をし、定植の1週間前にチッソ、リン酸、カリをそれぞれ1kg施用し、約100cm幅のうねを立てて本葉5～6枚の苗を約40cm間隔に定植する。

### (4) 定植後の管理

トウ立ちして茎が伸び始めたら、倒伏防止を兼ねて土寄せをする。また、茎がさらに伸長すると倒伏しやすいので、支柱を立てて倒伏を防ぐ。

開花期頃にはキアゲハの幼虫、結実期にはカメムシ類の被害を受け、結実が著しく低下するので注意する。

### (5) 種子充実後の採穂

7～8月になると成熟期に入り（写真5－3）、果実（種子）や果梗が緑色から黄色に成熟してくるので摘み取り、自然乾燥または通風乾燥した後、脱粒する。採種は果実が成熟し、黄化した果梗またはこれに近い果梗部分を摘み取る。果梗の中でも頂果梗または側枝果梗に結実した種子が大きい。

写真5－3
写真の奥の株はトウ立ちが早い株。手前の草丈が短い株はトウ立ちが遅い株

第6章

# 農薬をできるだけ使わない病害虫の防ぎ方

## 問題となる病害虫

7月から9月の高温期にかけて苗床では苗立枯病が発生しやすい。10月以降、冷涼な気候になると、株元に菌核病（写真6―1）や葉先に灰色かび病が発生しやすくなる。とくにハウス栽培では空中湿度が高まるので、その傾向になりやすい。また、採種栽培では5〜7月に軟腐病が発生しやすい。

害虫はあまり問題にならないが、キアゲハの幼虫（写真6―2）、アブラムシ類、アザミウマ、カメムシ類が発生することがある。

## 病害虫の防ぎ方

苗立枯病にはオーソサイド水和剤80を種子にまぶしてから播種する。出芽後は灌水をできるだけ控え、胚軸が硬めの苗に仕上げる。

灰色かび病には重曹を成分としたハーモメイト水溶剤や、納豆菌の仲間の微生物を成分としたボトピカ水和剤やボトキラー水和剤を散布する。

菌核病には登録農薬が少ないので連作を避け、イネ科のソルゴーなどを含めた輪作につとめ、「トリコデソイル」や「ハイフミンハイブリッドG」などのトリコデルマ菌入り資材を土壌にすき込む。トリコデルマ菌は病原菌より早く繁殖して病害にかかりにくい土壌環境を整える。本書冒頭で紹介した山本さん両氏もこのトリコデルマ菌入り資材を使っている。

ヨトウムシ類にはゼンターリ顆粒水和剤などの天敵微生物を成分としたＢＴ剤、アブラムシ類には食品（でんぷん）を成分としたエコピタ液剤などの気門閉鎖型殺虫剤を散布する。また、ナナホシテントウ、ナミテントウはアブラムシ類の天敵になる。施設栽培のアザミウマには昆虫病原性糸状菌を

写真6－1　菌核病にやられた株

写真6－2　開花期に発生したキアゲハの幼虫

表6−1　病害虫対策のための資材一覧

| 病害虫 | 資材名 | メーカー | 備考 |
|---|---|---|---|
| 苗立枯病 | オーソサイド水和剤80 | アリスタライフサイエンスほか | 種子消毒に使用 |
| 灰色かび病 | ハーモメイト水溶剤 | 明治製菓ファルマほか | 炭酸水素塩 |
| | ボトピカ水和剤<br>ボトキラー水和剤 | 出光興産<br>出光興産 | 微生物農薬 |
| 菌核病 | トリコデソイル<br>ハイフミンハイブリッドG | アリスタライフサイエンス<br>日本肥糧 | 土壌改良資材<br>土壌改良資材 |
| 軟腐病 | Zボルドー水和剤 | 日本農薬 | 銅剤 |
| | ジーファイン水和剤 | 協友アグリ | 炭酸水素塩＋銅剤 |
| | バイオキーパー水和剤 | 出光アグリ | 微生物農薬 |
| ヨトウムシ類 | ゼンターリ顆粒水和剤 | 住友化学ほか | 微生物農薬 |
| アブラムシ類 | エコピタ液剤 | 協友アグリ | でん粉糖化物 |
| アザミウマ（施設栽培） | パイレーツ粒剤 | アリスタライフサイエンス | 微生物農薬 |

注　農薬の使用にあたってフェンネルは「フェンネル（フローレンス）」「フローレンスフェンネル」「野菜類」の適用にしたがう

成分としたパイレーツ粒剤も使える。また、採種栽培では開花期以降にキアゲハの幼虫やカメムシ類の被害を受けるので、なるべく手で捕殺し、それでも間に合わないときには殺虫剤で防除する。

# 第7章

# フェンネルの食べ方と売り方

# 1 食べ方

## 香りをマイルドにする食べ方

第2章でも書いたように、フェンネルはそのオーデコロンのような香りが特徴である。イタリア人のようにサラダなど生食でも香りに抵抗がない人であれば、肥大した結球部の生食がいちばんである。しかしそういう人は日本ではまだ少ないと思われる。

香りがちょっと苦手だという人におすすめするのが、長い付き合いのなかでつながりができたフランス料理の料理長に教えてもらった手軽な料理である。2品紹介する。

## 葉を使ったサーモンマリネ

肥大した結球部でなく葉の部分を使う料理で、魚介類との相性がよいフェンネルの最も得意とする料理である（写真7－1）。

魚介の臭みを取ると同時に、フェンネルのさわやかな香りをつけて、おいしく仕上げる料理である。オリーブオイルに漬け込むので重たくなるため、オードブルなど前菜として利用される。日本人にはいちばんなじみやすい料理だと思う。

## サーモンマリネ

●材料（2～3人前）

フェンネルの茎葉　鮭がたっぷり隠れる量／鮭か鱒（皮を取ったもの） 200g ／塩　4～5g ／コショウ　少々／砂糖　少々／オリーブオイル　50cc

●作り方

①鮭の切り身全体に塩，コショウ，砂糖をなすりつける。

②フェンネルは2～3㎝にカットしておく。

③切り身が入る容器に，カットしたフェンネルとオリーブオイルを入れ，下ごしらえのすんだ鮭を漬け込む。できればフェンネルの茎葉で挟み込むとよい。

④漬け込んだものを冷蔵庫で1日寝かせたものを薄くスライスしてお皿に盛り付ければできあがり。

**写真7－1　サーモンマリネ**

フェンネルによって食欲をいっそうそそる魚料理に

フェンネルの香りがサーモンとマッチして、意外とあっさりといただける料理である。

## 結球部を使ったクリーム煮

マリネと違って、肥大した結球部を使う。フェンネルの甘みを生かしながら、繊細な香りを楽しむ料理である。フェンネルの旬は冬なので、温かい煮込み料理は身体にやさしい逸品となるに違いない。繊細な香りを醸し出すクリーム煮を紹介しよう（写真7―2、口絵⑹ページ）。

結球部の硬さは食べやすい好みで調整するとよい。なお、結球部の形をそのまま生かしたければ、小さいサイズが最適である。ベシャメルソースは小麦粉とバター、牛乳が原料で、自分でつくる場合の作り方はインターネットなどでも掲載されている。レシピをマスターしておけば、いろいろな料理に使える。

以上の2品は代表的な料理であり、香りに徐々に慣れ親しんでいくにはよい料理だと認識している。大人の記念日、パーティーなどで利用していただくとレパートリーも広がり、ハイレベルな料理が楽しめる。まだまだ独創的な料理だが、香りの食文化を根付かせるには家庭でできる手軽さが要求される。まずは調理してみて、フェンネルのおいしさを実感してみていただきたい。

## フェンネルのクリーム煮

●材料（２人前）

フェンネルの結球部　200g／ブイヨン　100cc／タマネギ　1/4 個／ベシャメルソース（ホワイトソース）　大さじ１杯／生クリーム　50cc／塩　少々／コショウ　少々

●作り方

①結球部を 1/2 から 1/4 にカットし，軽く茹でる（茹で過ぎない）。

②別の鍋にバターとタマネギを入れ，タマネギがすき通るくらいまで炒める。

③下茹でした結球部を加え，ブイヨンで少し柔らかめになるくらいまで煮込む。

④ベシャメルソースと生クリームを加え，最後に塩コショウで味を整える。

写真7－2　フェンネルのクリーム煮

フェンネルの持つ甘みと香りが十分に楽しめる料理

## 2 売り方

第1章でも書いたが、フェンネルの高級食材としての需要はバブル期と比べて減っている。安易にたくさんつくっても売れるものではない。初めは珍しさから販売が伸びるかもしれないが、2年もするとジリ貧になる。フェンネルの品質を維持する技術と売り方の両方が問われるのである。私の場合は、ネット販売は難しく、直売所販売もやめた。残っているのはフェンネルの魅力を認識したお客さんがいるお店（ホテル、レストラン）だけである。

こうすれば売れるということは言えないが、私が今日までどのようにフェンネルを売ってきたか、そこで何を感じたかを紹介する。これからフェンネルを栽培して売ってみようという人の参考になればうれしい。

### 東京の市場、レストラン、高級スーパーへの出荷

栽培の初年度（昭和53年）、私は水田転換畑で栽培に挑戦した。しかし商品になりそうな個体は数パーセントしかなかった。これではダメだと考えた私は優良株の選抜を始め、数年後に自信が持てるものができてきたので、東京の神田市場にフェンネルを送った。ところがその反応は散々だった。

フェンネルに対する注目度が低く、値もつかない有様だった。ただ、品質のよさにおいて高い評価をいただいたことは品種選抜の効果が出たものと思えてうれしかった。こうして値もつかないまま数年があっという間に過ぎてしまった。

昭和58年頃からは、好景気の始まりをうかがわせるように、東京では洋食店やおしゃれなレストランが目につくようになってきていた。時期を同じくして、高級スーパーでフェンネルを初めて扱っていただけるようになり、少しばかり売れるようになった。そのときは「やったぞ」という思いで、うれしくてたまらなかった。

そしてバブル絶頂期には、飽食の時代といわれるだけあって、レストランからも引き合いがくるようになっていた。メディアでも取り上げていただいた。しかし飽食の仕掛人としての知名度だけが独り歩きして、取り上げていただいたほどには販売数量が伸びなかったように記憶している。

やがてバブルは崩壊し、軽薄短小の商品が好まれるようになった。売れる野菜の顔ぶれも大きく変わり、現在に至っている。

## 香りを取り入れたヨーロッパの食文化との違い

私がフェンネルの販売の難しさを認識したのは、昭和55年に当時の帝国ホテルの総料理長・村上信夫氏と話をしたときである。村上氏は「フェンネルは需要が伸びたとしても、セロリの１割もいけばいいほうでは……。それに、フェンネルを調理できるシェフが日本に私を含めて3人しかいない」と言われた。この話はきつかった。

その後、私はヨーロッパを視察する機会を得た。神田市場の名物課長の室野直人氏が「フェンネルが売れるには、肉をもっと食べるようにならなければ無理なのかな」とよく言っていたが、視察したなかでは、とくにそのような食文化の傾向は見受けられなかった。フェンネルの食べ方は国によって違い、多様だった。

イタリアでは太った結球部を生で、チーズと生ハムなどと合わせて香りを生かして食べていた。新鮮なものが手に入りやすく、おいしい時期においしいものを食すスローフードの文化を強く感じた。いっぽうフランスでは、国土が広く新鮮なものが手に入りにくいため、煮込み料理が多かった。とくに小型のフェンネルを煮込んで付け合わせにした料理が多く見受けられた（現在ではコールドチェーンといわれる低温流通体制が整備されているので鮮度のよいものが流通している）。世界的リゾート地として知られるフランスのニースなどでは、生野菜に混ぜた爽やかな香りのサラダが印象に残っている。香りを取り入れた食文化の薄い日本との違いを痛感した。

## 料理人のこだわり、新顔野菜の手軽さ

私がフェンネルを栽培し始めた頃は、経済の下支えと料理人のこだわりで「イタリア料理であれば

イタリア野菜を使いたい」という思いから、販路拡大のきっかけを得ることができた。今振り返ってみると、よき時代だったと思う。

バブル崩壊後は、メニュー価格の引き下げにともなって、価格の高い野菜、利用効率の悪い野菜は使わなくなり、私にはフェンネルも斜陽の道をたどっているように見える。

少し本論からはずれるが、現在、新顔野菜で市民権を得て需要が伸びているものの特徴は、少しばかり割高でも手軽なことである。彩りが豊かなベビーリーフなどの小物野菜や、ズッキーニなどの無味無臭で自分好みに味付けた料理ができる野菜。伸び率トップであるスナップエンドウやパプリカのように、単純に甘い野菜にも人気が集中している。いずれも手軽なので今後も伸びると思われる。

## 高級業務需要の伸び悩み、地産地消の隆盛

バブル期にはこぞって使われていたフェンネルだが、バブル崩壊後は散々な有様である。イタリアのように大量に消費する習慣を持たない日本では、利用効率が悪いうえに、オーデコロンのような香りが邪魔をして消費に結びついていない。好き嫌いが極端なので、サラダにも混ぜにくい。これはビーツにおいても同様で、赤色色素の健康効果は優れていても、匂いが受け入れてもらいにくく、ニッチな消費にとどまっている。

また、現在では日本食ブームの広まりで世界中に日本野菜が出回り、フランス、イタリア料理でも

使われるようになり、本来のイタリア野菜を使わなくても違和感なく高級感を醸し出せるようになってきている。また、バブル期以降に生まれた若い世代は新しい野菜への興味も少なく、所得に余裕がないのでレストランに足を運ぶ機会がなくなっているということもある。

いっぽうで、市場を通さず、直接レストランとつながる地産地消の動きは加速する傾向にある。自力で売り込むのは大変だが、太いパイプになるかもしれない。私もそのつながりを大事にしている。

## ネットだけでは魅力は伝わらない

現在の購買方法は、かつてのデパートやスーパーから、インターネットでほしいものを直接購入するスタイルに変わってきている。そのため需要があるのかないのかがわかりにくい。

私もホームページでフェンネルを案内しているが、時期外れに個人客から注文をいただくことがある。ある程度認知されているルッコラなどはデパートなどで食べ方の宣伝販売をすると効果が出るが、フェンネルは認知度が低いので効果が出にくい。フェンネルの甘い香りの魅力が知られていれば需要喚起につながるが、ネットでの説明だけでは難しいと思われる。

## 手軽に使えて、しかも食卓が豊かになることを伝えていく

ここまで厳しい内容が多かったが、今後伸びが期待できそうな私なりの提案をしてみたいと思う。

若い頃、雑誌に彩り豊かな素材で盛り付けされた料理にあこがれていたが、鮮やかな紫色と苦みが特徴のトレビスが輸入されるようになってから料理の彩りも豊かになり、グレードも上がってきた。なかでも、香りをプラスしたルッコラやパクチーを加えたサラダなどが普通に食べられるようになってきている。よって、手軽にどこでも食べられるオープンサンドやサラダにフェンネルを利用することを通して香りに慣れてもらう機会が増えれば、需要を掘り起こせるかもしれない。はっきりとした切り札とはならないかもしれないが、可能性はあると信じている。

私がフェンネルの栽培を始めた時期はたまたま状況もよく、ブームの先取りをした感じでマーケットに名をはせることができたが、現実を直視してみると楽観できる状況にないと思う。ただし、若い世代はグローバル化社会の中で外国と日本の野菜を区別できないほど世界中の野菜が普及しているので、所得の浮揚が望めれば、ある意味イタリア野菜を売り込めるチャンスかもしれない。

私のように、一口食べてフェンネルに魅力を持つ人もいるので、手軽に食生活の中に取り込んでもらえるようにこれからも努力していく覚悟である。今までたくさんの方々と接することができたのも、フェンネルとの出会いがあったからである。フェンネルは私の人生そのものである。

## 著者略歴

### 川合　貴雄（かわい　たかお）

1939年生まれ。元岡山県農業試験場 野菜・花部部長。博士（農学）。1961年岡山県に採用され、野菜に関する研究に従事。フェンネルの研究については1974年から10年間従事。1998年岡山県を定年退職後はJAの嘱託職員として、また園芸培土製造会社の技術顧問として野菜生産農家へ技術支援を行なう。

### 藤原　稔司（ふじわら　としじ）

1955年生まれ。岡山県立農業大学校卒業後、岡山大学農学部で技官として8年勤務、以後就農。岡山県倉敷市でフジワラファーム（㈱GFフジワラ）を経営。1980年代からイタリア野菜を経営に取り入れた先駆者。2018年現在、水稲210a、西洋野菜105a（イタリア野菜などを年間100品目以上）の経営。全国のホテル、レストランと直取引している。
フジワラファームのホームページ　http://www.fujiwara-farm.jp/

◆小さい農業で稼ぐ◆
**フェンネル　トウ立ちを防いで大球をとるコツ**

2018年12月15日　第1刷発行

著者　川合　貴雄
　　　藤原　稔司

発行所　一般社団法人　農山漁村文化協会
郵便番号　107-8668　東京都港区赤坂7丁目6－1
電話　03(3585)1142(営業)　03(3585)1147(編集)
FAX　03(3585)3668　振替　00120－3－144478
URL http://www.ruralnet.or.jp/

ISBN978-4-540-18151-1
〈検印廃止〉

製作／㈱農文協プロダクション
印刷／㈱新協
製本／根本製本㈱
定価はカバーに表示
乱丁・落丁本はお取り替えいたします。